BIBLIOTHÈQUE DU XVIIIe SIÈCLE
sous la direction de Pierre Frantz et Catriona Seth
57

Petit carême

Jean-Baptiste Massillon

Petit carême

Édition critique par Sophie Hache

PARIS
CLASSIQUES GARNIER
2022

Sophie Hache, maîtresse de conférences en langue et littérature françaises du XVIIe siècle à l'université de Lille, travaille sur des questions de rhétorique, de stylistique et d'esthétique, en particulier autour de l'éloquence sacrée et de la musique. Elle prépare un ouvrage consacré à la période oratoire de l'âge classique.

ISBN 978-2-406-13150-2 (livre broché)
ISBN 978-2-406-13151-9 (livre relié)
ISSN 2109-7623

INTRODUCTION

Peut-on encore aujourd'hui lire Massillon ? N'est-il pas le représentant tardif d'un genre oratoire religieux qui connut ses heures de gloire avec la génération de Louis XIV, tandis que le XVIIIe siècle marquerait le début de la désacralisation moderne et l'éclosion de nouvelles formes oratoires ? Cette conception de l'histoire des idées a sans doute participé à l'oubli d'un prédicateur exerçant sa mission dans les chaires entre la fin du XVIIe et le début du XVIIIe siècle, mais le désintérêt du public dépasse très largement le cas d'un ecclésiastique et concerne toutes les formes de littérature religieuse, dont les contenus théologiques ne sont plus compris, ni les positions idéologiques recevables par nos contemporains. Des quatre évêques du siècle de Louis XIV dont les statues ornent la fontaine de la place Saint-Sulpice à Paris, seul Bossuet aura vu ses œuvres oratoires échapper à l'oubli jusqu'à nos jours. Si Fénelon nous est connu, ce n'est pas par sa prédication, dont il ne reste que très peu de discours ; quant à Fléchier et Massillon, ils ont connu une nette désaffection – rapide pour le premier, plus lente pour le second, dont les œuvres oratoires continuent d'être abondamment éditées aux XVIIIe et XIXe siècles[1]. Bien que le *Petit carême* soit passé à la postérité comme le plus réputé des recueils de sermons de Massillon, sa dernière édition date maintenant de près d'un siècle[2]. Pourtant, renouer avec la prédication permet de retrouver l'accès à un pan essentiel de ce qu'on n'appelle pas encore la littérature aux XVIIe et XVIIIe siècles : non seulement les grands sermons de carême ou d'avent constituent des événements publics remarquables,

1 Voir Emmanuelle Tabet, « La représentation des passions dans les *Sermons* de Massillon », dans Stéphane Gomis (dir.), *Les Évêques des Lumières. Administrateurs, pasteurs, prédicateurs*, Presses Universitaires Blaise Pascal, coll. « Histoires croisées », 2016, p. 123-130 : « On compte sous la Restauration au moins quatorze éditions de Massillon, cinq sous la Monarchie de Juillet, six de 1848 à 1865, auxquelles s'ajoutent les nombreuses rééditions du *Petit carême* ou des *Morceaux choisis*, qui se trouvaient dans toutes les bibliothèques du premier XIXe siècle. » (p. 123-124).

2 Édition par Marcel Ducros, Paris, la Cité des livres, 1931.

mais leur publication en recueils participe de l'édition florissante du livre religieux[3] et s'inscrit en profondeur dans notre histoire culturelle.

Les études les plus importantes concernant la personne et les œuvres de Massillon datent du XIXe siècle, avec en particulier l'édition des œuvres complètes et les travaux entrepris par Émile-Antoine Blampignon. Les éditions des sermons de Massillon se sont ensuite raréfiées, limitées à quelques reprises du *Petit carême*, précédé d'une préface se contentant de reformuler des informations déjà connues. Il faut attendre les dernières décennies du XXe siècle pour assister à un regain d'intérêt à son égard, même s'il reste discret. Le contexte actuel est celui d'une attention renouvelée de la recherche universitaire quant à la prédication de l'âge classique, que ce soit d'un point de vue historique, littéraire ou rhétorique, d'abord centrée sur Bossuet. Les travaux pionniers furent menés par Jacques Truchet, Thérèse Goyet et Jacques Le Brun, qui ont chacun entre 1960 et 1972, soutenu puis publié une thèse sur Bossuet et activement travaillé au développement des études bossuétistes[4]. La recherche s'est ensuite élargie aux genres oratoires que sont le sermon et l'oraison funèbre, bénéficiant notamment des mises en perspective de l'histoire de l'éloquence sacrée proposées par Marc Fumaroli[5] et d'une réflexion historique, mais aussi linguistique, rhétorique et stylistique[6].

---

3 Le livre religieux représente le tiers de l'édition française au début du XVIIIe siècle, avant de s'effondrer. Voir Henri-Jean Martin et Roger Chartier, *Histoire de l'édition française*, Paris, Promodis, 1984, t. II, en particulier « Les pratiques urbaines de l'imprimé », p. 403-429.

4 Jacques Truchet, *La Prédication de Bossuet, étude des thèmes*, Paris, Le Cerf, 1960 ; Thérèse Goyet, « L'Humanisme de Bossuet », Paris, Klincksieck, 1965 ; Jacques Le Brun, *La spiritualité de Bossuet*, Paris, Klincksieck, 1972.

5 Marc Fumaroli, *L'Âge de l'éloquence. Rhétorique et « res literaria », de la Renaissance au seuil de l'époque classique* [1980], Paris, Albin Michel, 1994.

6 La bibliographie est abondante. Voir notamment Jean-Pierre Landry (dir.), *Le Temps des beaux sermons*, Lyon, Université Jean Moulin-Lyon 3, « Cahiers du Gadges », 2006 ; Anne Régent-Susini, *Bossuet ou la Rhétorique de l'autorité*, Paris, Champion, 2011 ; *Papers on French seventeenth century literature*, vol. XLII, n° 82, 2015, « L'oraison funèbre » ; Stefano Simiz (dir.), *Prédication et prédicateurs en ville, XVIe-XVIIIe siècles*, Villeneuve d'Ascq, Presses Universitaires du Septentrion, 2015 ; Gabriel Aubert *et allii* (dir.), *L'Éloquence de la chaire entre écriture et oralité, XIIIe-XVIIIe siècles*, Paris, Champion, 2018.

ÉLÉMENTS DE BIOGRAPHIE

Les travaux sur Massillon sont aujourd'hui encore peu nombreux[7]. Les études de première main réalisées au XIXᵉ siècle n'ont pas été reprises de manière approfondie par la suite, et il n'existe aucune biographie de référence récente. Beaucoup d'aspects de sa vie restent méconnus et nous ne rappelons ici que quelques repères jalonnant sa carrière ecclésiastique jusqu'au carême prononcé aux Tuileries en 1718[8]. Bien qu'il soit associé aux grands noms de la prédication du « siècle de Louis XIV », tels que Bossuet (1627-1704), Bourdaloue (1632-1704), Fléchier (1632-1710) ou Mascaron (1643-1703), il faut cependant noter que Massillon (1663-1742) n'appartient pas exactement à la même génération que ceux-ci, tous décédés au moment où il prononce l'oraison funèbre de Louis XIV. Né à Hyères, Jean-Baptiste Massillon est fils de notaire, dans une famille de la bourgeoisie provençale comptant nombre de magistrats. À partir de 1681, il effectue son noviciat chez les Oratoriens, d'abord à Aix, puis en Arles, avant d'enseigner dans des collèges oratoriens, à Pézenas, puis à Vienne. Lorsqu'il est envoyé à Paris en 1699, il rejoint la maison de Saint-Honoré, qui est l'établissement principal de l'Oratoire, où résidaient le supérieur général et le conseil des prêtres gouvernant l'ordre, mais aussi des personnalités influentes comme Malebranche.

C'est alors que s'ouvre pour Massillon une carrière de prédicateur. Jusqu'en 1718, il prêche le carême chaque année et au moins onze stations

7 Parmi les études récentes, on citera pour l'essentiel : Jean Ehrard et Abel Poitrineau (dir.), *Études sur Massillon. Actes de la Journée Massillon, 25 mai 1974*, Clermont-Ferrand, Institut d'études du Massif central, 1975 ; Dominique Maingueneau, « Commentaire et prédication. Le cas d'un sermon de Massillon », dans D. Denis *et allii* (dir.), *Au corps du texte. Hommage à Georges Molinié*, Paris, Champion, 2010, p. 151-161 ; Société hyéroise d'histoire et d'archéologie et Académie du Var (dir.), *Massillon : [Actes du] colloque organisé à l'occasion du 350ᵉ anniversaire de sa naissance, Hyères, 14 novembre 2013*, Hyères, SHHA, 2014 ; Olivier Andurand, « De la chaire à la mitre, Jean-Baptiste Massillon », *Revue Bossuet. Littérature, culture, religion*, nº 10, 2019, p. 69-89 ; Stéphane Gomis, « Jean-Baptiste Massillon : une figure épiscopale de la modération », dans O. Andurand et A. Pialoux (dir.), *Les forces de la modération. Ligne politique ou accommodements raisonnés dans les crises politico-religieuses européennes (XVIᵉ-XIXᵉ siècles)*, Bruxelles, Peter Lang, 2020, p. 237-249.

8 Voir Stéphane Gomis, « Construire la biographie de Jean-Baptiste Massillon. Un bilan historiographique », dans *Les Évêques des Lumières*, *op. cit.*, p. 113-121.

d'avent, la plupart du temps dans des chaires prestigieuses[9], telles celles de Saint-Gervais, Saint-Sulpice, Saint-Paul ou Notre-Dame. Son activité ne se limite pas aux grandes stations et il prononce régulièrement des panégyriques des saints et des oraisons funèbres. Lorsqu'il adresse ses sermons de carême au jeune roi, Massillon est prédicateur à Paris et à Versailles depuis déjà vingt ans et sa renommée est indéniable, ce que confirme le fait que lui ait été confiée, de 1699 à 1704, la prédication d'un avent et de deux carêmes devant la cour, ainsi que l'oraison funèbre du roi en 1715. Alors que l'on compte chaque année au moins cent-cinquante ecclésiastiques et religieux qui prêchent un carême à Paris, l'invitation de Massillon à édifier une nouvelle fois la cour à cette occasion est un signe de distinction.

Massillon a été nommé évêque de Clermont en novembre 1717, mais s'installera dans son diocèse seulement en 1721. Il s'agit alors d'une installation définitive et, à l'exception d'une oraison funèbre pour la duchesse d'Orléans, princesse Palatine, prononcée à Saint-Denis en 1723, il prêche uniquement dans son diocèse, jusqu'à sa mort en 1742. L'interruption de cette carrière de prédicateur parisien dès lors qu'il s'installe en tant qu'évêque à Clermont est interprétée par ses contemporains comme une marque de vertu : Massillon renonce à l'éloquence d'apparat et à la gloire qu'il s'est acquise dans la capitale, pour se consacrer pleinement à la charge épiscopale. Il incarne ainsi la figure idéale du pasteur qui veille sur ses ouailles[10].

Les éditeurs et les commentateurs de Massillon au XIXe siècle prennent grand soin de laver l'évêque de tout soupçon de sympathie pour le jansénisme. Encore au XXe siècle, Albert Chérel note ainsi que, si l'influence port-royaliste portée par l'Oratoire s'est fait sentir durant les jeunes années de Massillon, c'est avec un heureux effet puisqu'il manifestait « une ferme prévention contre l'esprit ultramontain, et contre les casuistes relâchés » ; l'évêque n'aurait ensuite plus rien gardé de commun avec les jansénistes se rebellant contre l'autorité papale, ce qui lui aurait valu l'inimitié de ces derniers :

> Les Jansénistes du XVIIIe siècle, eux, les journalistes harcelants des *Nouvelles Ecclésiastiques*, lui en voulaient comme d'une trahison d'avoir quitté le Parti, et cet Oratoire qui en était un si ardent foyer. Leur sentiment envers Massillon

---

9 Voir Isabelle Brian, *Prêcher à Paris sous l'Ancien Régime*, Paris, Classiques Garnier, 2014, p. 163.

10 Voir Stéphane Gomis (dir.), *Les Évêques des Lumières. Administrateurs, pasteurs, prédicateurs*, Clermont Ferrand, Presses Universitaires Blaise-Pascal, 2015.

> répétait leur attitude envers Rancé, qui lui aussi, vers 1670, avait rompu avec ses amitiés jansénistes, avec la doctrine de Port-Royal, en déclarant qu'un seul parti tenait son intelligence et son cœur : le parti de Jésus-Christ et de l'Église[11].

Ce souci de prendre seulement « le parti de Jésus-Christ et de l'Église », de même que la formule selon laquelle Massillon se serait refusé « au rôle de théologien-polémiste[12] » et se serait même écarté de toute prétention à la théologie, afin d'échapper aux querelles autour de la bulle *Unigenitus*, sont à considérer avec prudence, en l'absence de bibliographie récente solide sur le personnage. De nombreuses questions se posent pour la période qui s'ouvre en 1721, lorsque le nouvel évêque rejoint son diocèse de Clermont et manifeste ce qui fut considéré comme une recherche de conciliation dans ces années troublées[13]. Pendant les années immédiatement antérieures au *Petit carême*, Massillon s'est lui aussi plongé dans la querelle ouverte en 1713 par la constitution apostolique du pape Clément XI qui visait les jansénistes, à travers la condamnation des cent-une propositions extraites des *Réflexions morales* de l'oratorien Pasquier Quesnel. Ses tentatives pour négocier avec le cardinal de Noailles, archevêque de Paris, dont il est un proche, échouent, et, dès lors que Noailles et huit évêques refusent en 1714 d'accepter la bulle papale, la scission déchire l'épiscopat français. Les sermons du *Petit carême*, donnent quelques échos de ces heurts qui opposent les ecclésiastiques autour de la bulle *Unigenitus*[14]. Lorsqu'il est invité à prêcher aux Tuileries, Massillon incarne la figure d'un opposant aux jésuites, ce qui permettrait de compenser les faveurs qui leur sont faites, notamment lorsque le roi se confesse dans leur maison parisienne en janvier 1718[15].

---

11 Albert Chérel, « En relisant Massillon », *Revue des Deux Mondes*, vol. 71, n° 4, 15 octobre 1942, p. 438-442, ici p. 439.

12 *Ibid.*, p. 440.

13 Voir S. Gomis, « Construire la biographie de Jean-Baptiste Massillon. Un bilan historiographique », art. cité.

14 Voir par exemple les allusions aux « troubles » qui agitent l'Église (sermon « Du respect que les grands doivent à la religion »), ou bien à « l'amertume et la division parmi ses ministres » (sermon « Des obstacles que la vérité trouve dans le cœur des grands »).

15 Pascale Mormiche, « Éduquer un roi ou l'histoire d'une modification progressive du projet pédagogique pour Louis XV (1715-1722) », *Histoire de l'éducation* [En ligne], 132 | 2011, mis en ligne le 01 octobre 2013, consulté le 16 juillet 2021. URL : http://journals.openedition.org/histoire-education/2411.

L'ÉDITION D'UN « PETIT CARÊME »

Le carême prêché aux Tuileries, où réside la cour à partir de 1717, est constitué d'un ensemble de dix sermons[16]. La tradition de proposer aux fidèles une prédication extraordinaire pendant les quarante jours précédant la fête de Pâques, comme pendant la période précédant Noël, est solidement établie depuis le Moyen-Âge et cet ensemble de sermons que l'on nomme une « station » représente un moment clé de la vie religieuse en ce début de XVIIIe siècle. À la différence des homélies prononcées lors de la messe, qui commentent de manière linéaire l'évangile du jour, le sermon de carême ou d'avent développe un thème, d'ordre spirituel ou moral, s'appuyant sur une citation biblique, qui est le plus souvent un verset de l'évangile du jour. L'assemblée se fait dense pour écouter les prédicateurs les plus célèbres et l'on connaît notamment les réflexions de Madame de Sévigné à ce propos[17]. Les sermons de carême ne font cependant généralement pas l'objet d'une publication, même s'il arrive que *Le Mercure galant* en cite des fragments[18].

Comme la plupart de ses confrères, Massillon ne publie pas ses discours, et les volumes intitulés *Sermons sur les évangiles du carême*[19] qui paraissent en 1705 et sont repris plusieurs fois jusqu'en 1723, ont été édités sans son accord. Ces volumes incluent d'ailleurs des discours dont il n'est pas l'auteur[20]. C'est à titre posthume que la congrégation de l'Oratoire édite les œuvres de prédicateurs célèbres, tel le père Terrasson,

16 Deux sermons ont souvent été ajoutés par les éditeurs, s'inspirant de la présentation adoptée par Joseph Massillon en 1745 : le « Sermon sur les vices et les vertus des grands » et le « Discours prononcé à une bénédiction de drapeaux du régiment de Catinat » apparaissent alors comme les onzième et douzième sermons de ce carême, bien qu'ils n'appartiennent pas à cette station.

17 Voir par exemple la lettre à Mme de Grignan du 13 mars 1671, évoquant un sermon de Bourdaloue.

18 Il s'agit alors surtout de compliments au roi. Voir Pierre Zoberman, « Rhétorique et prédication : *Sur la Prédication évangélique* et les sermons sur la parole de Dieu », *Littératures classiques*, n° 46, automne 2002, p. 33-53.

19 Trévoux, E. Ganeau, 1705.

20 Sur ces pratiques éditoriales, voir C. Méli, « Vers une littérature sermonnaire : les recueils de sermons en France au XVIIe siècle », dans Ch. Jérémie et M. Vénuat (dir.), *Éloquence ecclésiastique de la Pré-Réforme aux Lumières*, Paris, Champion, 2015, p. 319-332.

dont les sermons paraissent en 1726, trois ans après son décès[21]. De même, les œuvres oratoires de Massillon, décédé en 1742, sont éditées en 1745 par un oratorien, qui n'est autre que son neveu Joseph Massillon. Publié en tête des neuf volumes[22], le carême des Tuileries occupe une place d'honneur, que lui conservera au milieu du XIXe siècle l'édition des œuvres complètes[23] entreprise par Blampignon. L'éditeur Joseph Massillon s'en explique dans un avertissement :

> Les sermons que nous mettons ici à la tête de tous les autres, sont néanmoins les derniers qu'ait composés le p. Massillon. Mais nous avons cru devoir leur accorder ce rang d'honneur, tant à cause de l'approbation authentique dont notre auguste monarque a bien voulu les honorer, que pour satisfaire à la curiosité du public, qui paraît les attendre avec un empressement marqué[24].

Si Joseph Massillon évoque une « approbation authentique » de la part du roi, c'est parce que lui a été remis un manuscrit des sermons, dont Blampignon signale l'existence à la bibliothèque Richelieu et qui est toujours aujourd'hui conservé par la Bibliothèque Nationale de France : un volume de 360 pages, en reliure de maroquin rouge, aux armes du roi, d'une belle calligraphie. Le statut de ce manuscrit n'a rien de commun avec celui de l'ensemble des papiers (sermons, conférences, lettres, etc.) que Massillon a légués par testament à son neveu[25], puisqu'il s'agit d'un texte dont l'auteur fixe de son vivant un état définitif, sans qu'il soit pour autant destiné à la publication. D'après le *Mercure galant*, c'est le jeune roi lui-même qui a demandé à posséder le texte des sermons[26].

21 Voir I. Brian, *Prêcher à Paris sous l'Ancien Régime*, *op. cit.*, p. 464.

22 L'édition de Joseph Massillon comprend plusieurs stations de carême et d'avent, des sermons sur les mystères, des panégyriques des saints, des oraisons funèbres et des sermons de profession religieuse.

23 Outre les œuvres oratoires déjà publiées, cette édition inclut des prières sur les psaumes, des discours synodaux et diverses instructions épiscopales.

24 *Sermons de M. Massillon, évêque de Clermont, ci-devant prêtre de l'Oratoire*, Paris, Vve Estienne & fils et Jean Hérissant, 1745, vol. I, n. p.

25 É. Blampignon fait état de ce testament conservé aux archives du Puy-de-Dôme : « Nous léguons, dit-il, à l'aîné de nos neveux de l'Oratoire, qui est actuellement supérieur de leur maison de Clermont, tous nos papiers manuscrits contenant nos sermons, conférences, oraisons funèbres, etc., etc., le conjurant de les garder pour son usage, notre intention n'étant pas qu'ils soient jamais donnés au public, les soumettant néanmoins avec simplicité au jugement de l'Église, dont nous n'avons jamais prétendu qu'interpréter la doctrine. » (*Œuvres complètes*, éd. Blampignon, 1865, t. I, p. III).

26 « Le 26. M. le Maréchal de Villeroy alla voir le p. Massillon, pour le prier de vouloir bien confier ses sermons au roi, Sa Majesté ayant témoigné qu'elle aurait autant de plaisir à les

Au-delà de cette invitation officielle, une motivation plus politique se dessine sans doute en arrière-plan pour un cadeau qui honore avant tout celui qui l'offre. Propriété du roi, le volume bénéficie déjà d'une aura particulière, qui peut justifier l'attente du public évoquée par le premier éditeur.

Une deuxième raison, plus prosaïque, peut contribuer à expliquer la mise en valeur constante de ce corpus de sermons : sa brièveté. Si l'on désigne alors par le terme « carême » l'ensemble des sermons prononcés pendant la période liturgique du même nom, il faut cependant distinguer deux formats. Alors qu'un « grand carême » comporte trois prédications hebdomadaires, qui ont lieu le dimanche, le mercredi et le vendredi, avec au total près d'une vingtaine de sermons, un « petit carême » ne propose de sermon que les dimanches, ainsi que pour la Fête de la Purification de la Sainte Vierge[27] et le Vendredi saint. Ce second format reste d'une brièveté toute relative puisque les sermons, prêchés habituellement le dimanche après-midi, durent de manière générale environ une heure, et certains prédicateurs, tel Bourdaloue, sont réputés pour leur prolixité. Le *Petit carême* de Massillon a la particularité de proposer des discours d'une grande concision, dont la durée était comprise entre vingt et trente minutes. À la fin du XVIIe ou au début du XVIIIe siècle, cette caractéristique est peu susceptible d'être considérée de manière favorable par un public qui apprécie de profiter de l'événement, ce dont témoigne le *Mercure* lorsqu'il fait l'éloge du premier sermon en dépit de sa brièveté : « Ce discours, quoique fort court et prononcé en 21 minutes, a été trouvé lumineux, touchant, et le compliment très naturel[28] ». La perspective est cependant différente lorsque les sermons sont offerts à la lecture près de quarante années plus tard ; la concision est alors une qualité qui participe de leur lisibilité, et sans doute de leur succès en librairie jusqu'au début du XXe siècle.

---

lire, qu'elle a apporté d'attention à les entendre prononcer » (*Le Nouveau Mercure*, Paris, Cavelier, Ribou et Dupuis, mars 1718, p. 207).

27 Également appelée Fête de la présentation de Jésus au temple, cette fête précède de trois semaines le début du carême. Il était d'usage que le prédicateur choisi pour prêcher le carême devant le roi prononce au préalable le sermon de cette fête à la cour.

28 *Le Nouveau Mercure*, Paris, Cavelier, Ribou et Dupuis, février 1718, p. 203.

LES PASSIONS DES GRANDS

Bien que le prédicateur s'appuie nécessairement sur l'évangile du jour pour élaborer son sermon, le choix des versets qui donnent matière à son commentaire offre une certaine latitude dans l'orientation du propos. Il n'est que de comparer ce recueil avec les autres stations prêchées par Massillon pour mesurer à la fois l'homogénéité du *Petit carême* et l'écart le séparant des précédents. Donnant toute sa cohérence à l'ensemble, deux caractéristiques majeures peuvent être observées, avec d'une part le traitement approfondi des passions propres aux « grands » et d'autre part l'élaboration d'un portrait du bon monarque.

Dans son article consacré à « la représentation des passions dans les *Sermons* de Massillon[29] », Emmanuelle Tabet explique que c'est dans l'ensemble de sa prédication que Massillon s'attache à décrire avec soin les conséquences désastreuses des passions, dans une perspective existentielle et anthropologique, plus que métaphysique. La cour, à laquelle s'adresse l'ecclésiastique dans son *Petit carême*, offre un sujet de choix pour une telle peinture, et, si l'on rapproche cet ensemble de sermons des deux carêmes qu'il a prêchés à Versailles en 1701 et 1704, on remarque que la teneur morale du propos, déjà prégnante, s'est encore renforcée jusqu'à en constituer la matière essentielle. Massillon ne consacre par exemple aucun sermon à la parole de Dieu, ni à la prédication évangélique, alors que ces sujets constituent fréquemment le thème du discours pour le premier ou pour le deuxième dimanche de la station. En 1701, pour le premier dimanche, Massillon s'appuyait ainsi sur le verset « L'homme ne vit pas seulement de pain, mais de toute parole qui sort de la bouche de Dieu[30] » pour traiter des dispositions dans lesquelles le fidèle doit écouter la parole sainte, tandis que, en 1718, il retient le thème de la tentation à partir du verset « Jésus fut conduit par l'Esprit dans le désert, pour y être tenté par le diable[31] », qu'il décline sous trois aspects : tentations offertes par le plaisir, la flatterie et l'ambition. La passion n'est pourtant jamais traitée sous un angle général, mais présentée seulement en ce qui concerne les hommes de pouvoir.

29 art. cité.
30 Mt 4, 4.
31 Mt 4, 1.

Dans le manuscrit offert à Louis XV, figure pour chaque sermon un double titre, indiquant à la fois l'occasion liturgique pour laquelle il a été prononcé (fête de la Purification de la sainte Vierge, dimanche de carême, ou bien Vendredi saint) et le thème de la prédication ; sur les dix sermons, seuls trois ne comportent pas l'expression « les grands » dans le titre. Cette expression est usuelle dans la prédication, chez Bossuet par exemple, mais Massillon l'emploie avec une fréquence exceptionnelle, qui témoigne certes de l'identité de l'assemblée devant laquelle il prêche, mais surtout du thème général de la station. Elle apparaît parfois sous une forme développée, « les princes et les grands », qu'il faut lire non pas comme la distinction de deux groupes mais comme un doublet quasi synonymique : les grands constituent la catégorie des « puissants », et le terme de « prince » renvoie moins à un titre qu'à la figure du courtisan en général.

Dès le sermon pour la fête de la Purification de la sainte Vierge, Massillon interpelle l'assemblée en soulignant son caractère extraordinaire : « mes frères, vous que la Providence a élevés au-dessus des autres hommes, et vous surtout Sire ». Le roi est le premier destinataire du *Petit carême* et chaque sermon s'ouvre par la même adresse, reprise régulièrement au fil du discours, « Sire ». Lorsque Massillon rappelle par exemple que le démon s'attaque d'abord aux puissants, il affirme ainsi : « Les grands, Sire, sont les premiers objets de sa fureur ». Doit-on alors comprendre que le roi appartient à ce cercle des puissants, ou bien qu'il se place au-dessus ? Toute la subtilité de l'énonciation repose sur cette ambiguïté, qui ménage la prééminence royale et rappelle constamment la hiérarchie politique de la cour, tout en délivrant au jeune Louis XV une leçon morale qui le concerne au premier chef.

Massillon s'adresse parfois directement aux grands lorsqu'il affirme « plus vous avez reçu de [Dieu], plus il attend de vous », ou bien, le plus souvent, il brosse un tableau dont ils sont l'objet central : « Mais les princes et les grands, qui n'ont plus rien à désirer du côté de la fortune, n'y trouvent rien aussi qui gêne leurs plaisirs : la naissance leur a tout donné ; ils n'ont plus qu'à jouir, pour ainsi dire, d'eux-mêmes ». Pour Massillon, la morale qui regarde les grands n'est pas celle du commun des mortels parce que les passions qui les affectent sont distinctes, liées à l'exercice du pouvoir, à la possession de richesses, à l'héritage d'un titre. La passion de la jalousie, contre laquelle bien des prédicateurs se sont élevés, dans des contextes variés, emprunte ainsi, dans le sermon pour le Vendredi saint, une orientation spécifique pour se définir comme la jalousie de l'homme public à l'égard de ses semblables, dans une cour où chacun aspire à occuper la place la plus en vue, au détriment du bien de l'État. Ou encore, le sermon sur « le malheur des grands qui abandonnent Dieu » affirme la vanité du bonheur terrestre, fait d'un incessant balancement entre volonté de posséder un objet et déception que provoque la possession : « passant sans cesse de l'espérance du bonheur au dégoût, et du dégoût à l'espérance, tout ce qui nous fait sentir notre méprise devient lui-même l'attrait qui la perpétue. » Massillon s'appuie cependant sur une anthropologie propre aux grands, développant un thème déjà abordé lors du premier dimanche, dans le sermon sur « la tentation des grands », pour noter que, en raison de leur prospérité même, ils sont « toujours plus inquiets, plus agités et plus malheureux que le simple peuple ».

De ces constats, découle la nécessité de proposer aux grands une leçon adaptée à leurs vices, qui emprunte des exemples frappants à l'histoire des rois d'Israël dans l'Ancien Testament, avec David, Salomon ou Roboam. Le livre d'Esther offre par ailleurs matière à réflexion dans plusieurs sermons[32]. En citant Haman, ministre du roi de Perse Assuérus, comme l'exemple même du puissant dévoré par son ambition personnelle, le prédicateur reprend à son compte une figure bien connue de ses fidèles, d'autant qu'elle a fait l'objet de plusieurs mises en scène, dont la tragédie de Racine, *Esther* (1689), est la plus célèbre. La cour d'Assuérus représente la violence des passions qui animent les puissants, mais aussi la victoire de la vertu, puisque face au ministre dévoyé paraissent Esther et Mardochée, incarnant la probité et la fidélité au maître, qui l'emportent finalement. Dans sa prédication aux Tuileries, Massillon fait alterner blâme des passions et éloge des vertus. Même si le tableau du vice retient davantage son attention, il ne manque pas de souligner l'appel que Dieu adresse aux puissants afin qu'ils remplissent leur mission sur cette terre, à savoir prendre soin « des faibles et des petits ». Ce thème, qui court dans l'ensemble de la station, est au centre du sermon sur « l'humanité des grands envers le peuple » : « si Dieu en élève quelques-uns, c'est donc pour être l'appui et la ressource des autres ». Cette insistance sur la vocation divine des grands, qui peuvent

32 Voir les sermons : « Des tentations des grands », « De l'humanité des grands envers le peuple », « De l'écueil de la piété des grands ».

devenir « le modèle de la vertu », offre au carême sa perspective pastorale et le constitue comme une leçon pour le prince.

Massillon ne fait pas partie des précepteurs du jeune roi, mais la posture qu'il affiche dans son *Petit carême* est indéniablement celle d'un éducateur, à la manière de Fénelon dans son *Télémaque* (1699), conçu comme un roman plein de sagesse à destination du Dauphin. Le premier sermon du recueil souligne, dès l'exorde, que la position du jeune roi est celle d'un rescapé, « comme retiré du milieu des débris de la maison royale ». L'insistance sur la figure du miraculé joue une fonction pathétique, d'autant plus qu'elle s'insère dans le cadre d'une prière car le prédicateur supplie Dieu de veiller sur la vie de l'enfant. Au-delà de l'effet de pathétique, plus attendu dans la péroraison que dans l'exorde, le prédicateur suggère, dès l'entrée en matière, son rôle d'éveilleur de conscience. Parce qu'il doit la vie à la providence divine, le jeune roi ne saurait se laisser duper par les illusions des plaisirs terrestres et doit se destiner à remplir la fonction d'un monarque véritablement chrétien, au service de son peuple : « Quel bonheur, Sire, pour un siècle, pour un empire, pour les peuples, lorsque Dieu leur donne dans sa miséricorde des princes favorables à la piété ! »

Le roi est incité à dominer ses passions pour devenir un nouveau Moïse, qui soit « le sauveur et le libérateur de son peuple », en se consacrant non aux conquêtes militaires, mais à la grandeur du culte chrétien. Moïse est lui-même considéré comme précurseur et image de Jésus-Christ, selon un schéma appelé à se répéter puisque le roi et les grands doivent à leur tour devenir « les images de la gloire du seigneur et les dépositaires de sa puissance ». Le prédicateur associe alors étroitement la leçon morale à une perspective théologique centrée sur le Christ. Il ne manque pas de rappeler que le prince à qui il adresse le carême est tout divin. Cependant, le constat que celui-ci hérite du titre de roi très chrétien amène à une injonction : encore lui faut-il mériter ce titre. La mise en valeur du thème de l'union de Dieu à la France à travers la personne du roi est une constante de l'éloquence de la chaire, bien avérée en particulier dans la prédication contemporaine de Louis XIII, comme le révèlent par exemples différentes oraisons funèbres pour Anne d'Autriche prêchées par Le Boux, Biroat, Folleville ou Dom Cosme[33] ; toutes revendiquent

33 Voir François Goudard, *La Louange à Louis XIV entre « balladins » et prédicateurs, 1661-1697*, thèse soutenue le 25 juin 2015, Université Paris-Ouest-Nanterre-La Défense, p. 467-468.

la légitimité de la monarchie française en insistant sur la relation privilégiée qui unit le corps du roi à Dieu lui-même.

Massillon ne dit rien du Régent, qui est vraisemblablement le commanditaire du carême, ni de la politique menée depuis 1715, mais il se situe en amont et en aval, rappelant la grandeur du règne qui s'est achevé avec la mort de Louis XIV et priant pour la félicité du règne qui s'amorce. Le prédicateur mentionne très régulièrement le bisaïeul du jeune roi pour louer ses qualités, tout en plaidant pour un règne de paix. Sans se conformer à la réalité historique dont il a été lui-même témoin, Massillon brosse un portrait de Louis XIV constamment élogieux – figure de justice et de paix, profondément aimé de ses sujets, plein de dévotion dès son plus jeune âge. Se dégage alors une image entièrement construite pour servir de parangon à Louis XV.

LA RÉCEPTION DU RECUEIL

À la différence des carêmes prêchés à la cour de Louis XIV, celui-ci se donne comme adapté à un auditoire restreint et surtout à un roi encore enfant, comme l'affirme la formule placée par Joseph Massillon en exergue de l'édition de ces sermons : « Ces sermons ne sont que des entretiens particuliers faits pour l'instruction du roi Louis XV avant sa majorité, et pour les personnes de la cour qui composaient seules l'auditoire de la chapelle du château des Tuileries, quand ces discours y furent prononcés. » La perspective presque intime qui se dessine dans ces mots est-elle recevable pour une station de carême prêchée à la cour, même si l'assemblée est limitée à l'entourage proche du Régent ? Elle est en tout cas reconnue par l'abbé Fleury qui prononce un discours à l'Académie française lors de la réception de Massillon, en 1719, en louant le prédicateur pour avoir su si bien s'ajuster à son auditoire :

> Il semble que vous ayez voulu imiter le prophète qui, pour ressusciter le fils de la Sunamite, se rapetissa, pour ainsi dire, mettant sa bouche sur la bouche, ses yeux sur les yeux, ses mains sur les mains de l'enfant, et l'ayant ainsi réchauffé, le rendit à sa mère plein de vie ; de même vous avez su proportionner

> vos discours, et pour la matière et pour le style, à la capacité du jeune Prince, véritablement grande pour son âge[34].

Les commentateurs ont souvent argué du jeune âge du roi pour juger de l'orientation des sermons plus morale que dogmatique. Au XIXe siècle, Colincamp, par exemple, explique que « celui à qui s'adressait Massillon était trop jeune, et par conséquent trop peu instruit dans la religion, pour qu'il fût beaucoup question du dogme ». La jeunesse du destinataire officiel du discours est également un argument participant de l'éloge du style doux du prédicateur.

Les termes du portrait de Massillon en chaire sont posés par les hommages académiques qui suivent le décès du prédicateur, avec le discours prononcé par l'archevêque de Sens, Jean-Joseph Languet de Gergy :

> Ne vous semble-t-il pas le voir encore dans nos chaires avec cet air simple, ce maintien modeste, ces yeux humblement baissés, ce geste négligé, ce ton affectueux, cette contenance d'un homme pénétré, portant dans les esprits les plus brillantes lumières, et dans les cœurs, les mouvements les plus tendres ? Il ne tonnait pas dans la chaire ; il n'épouvantait pas l'auditeur par la force de ses mouvements et l'éclat de sa voix. Non : mais par sa douce persuasion, il versait en eux, comme naturellement, ces sentiments qui attendrissent et qui se manifestent par les larmes et le silence[35].

La douceur de Massillon apparaît alors comme un trait de caractère personnel, qui se donne à sentir dans ses discours en général, et tout particulièrement dans son carême aux Tuileries, où il parle directement « au cœur du jeune roi[36] ». Dans l'opposition qui se dessine à partir de la fin du XVIIe siècle entre deux figures d'orateurs, tonnant à la manière de Démosthène ou bien persuadant avec douceur, Massillon incarne la voix de l'onctuosité et se place ainsi aux côtés de Fléchier et de Fénelon dans le panthéon des prédicateurs[37]. La préface qui paraît en tête de la première édition des sermons de Massillon, en 1745, fixe ce portrait.

---

34 Claude Fleury, « Réponse au discours de réception de Jean-Baptiste Massillon », 23 février 1719, https://www.academie-francaise.fr/reponse-au-discours-de-reception-de-jean-baptiste-massillon.

35 « Réponse de M. Languet de Gergy, archevesque de Sens aux discours de M. le duc de Nivernois et de M. de Marivaux. Discours prononcé dans la séance publique le lundi 4 février 1743 », https://www.academie-francaise.fr/reponse-au-discours-de-reception-de-marivaux.

36 *Ibid.*

37 Voir Sophie Hache, « Le parallèle des orateurs dans la première moitié du XVIIIe siècle : Bossuet et Fléchier », *Revue Bossuet*, n° 8, septembre 2017, *Réceptions de Bossuet au* XVIIIe siècle, p. 43-58.

Son auteur, lui-même membre de l'Oratoire, observe que le prédicateur ne s'attarde pas sur des considérations dogmatiques, mais se concentre sur un propos moral, avec affectivité ; il note alors :

> Et ce qui forme le caractère distinctif de l'éloquence du p. Massillon, c'est que tous ses traits portent droit au cœur : c'est de ce côté-là qu'il dirige tous ses coups ; ce qui est simplement raison et preuve dans les autres, prend dans sa bouche la teinture du sentiment ; non seulement il convainc, mais il touche, il remue, il attendrit[38].

Le « torrent impétueux » de son éloquence n'emporte pas le fidèle à la manière de Bourdaloue par « un enchaînement continuel de preuves et de raisonnements solides[39] », mais entraîne le cœur plutôt que l'esprit. Comme ses contemporains, le préfacier insiste dans ces pages sur l'émotion qui emportait les auditeurs de Massillon, qui « parle de l'abondance du cœur[40] » et laisse s'exprimer ses sentiments. Cette appréciation de l'éloquence de Massillon en général s'amplifie lorsqu'il est question du *Petit carême*, puisque, s'adressant à un enfant, ses instructions sont « dépouillées de la sécheresse du raisonnement[41] ». Dans l'éloge de Massillon qu'il prononce à l'Académie française[42], d'Alembert loue à son tour une « éloquence qui va droit à l'âme » et « une onction si affectueuse et si tendre qu'il subjugue moins qu'il n'entraîne[43] ». C'est encore l'onction du discours qui est élevée au rang de première qualité dans les portraits du prédicateur que brossent les *Mémoires pour servir à l'histoire de plusieurs hommes illustres de Provence* de Joseph Bougerel[44], ou encore émile-Antoine Blampignon au XIXe siècle[45].

La critique du XIXe siècle s'est cependant montrée ambivalente à l'égard du style de Massillon. Dans son *Essai sur l'éloquence de la chaire*,

38 Jean-François Jannart, « Préface », *Sermons de M. Massillon*, *op. cit.*, p. XI-XII.

39 *Ibid.*, p. XXI.

40 *Ibid.*, p. XVII.

41 *Ibid.*, p. XVIII.

42 « Éloge de Jean-Baptiste Massillon », lu en séance publique de l'Académie française, le 4 août 1774 et publié dans *Éloges lus dans les séances publiques de l'Académie françoise par M. D'Alembert*, Paris, Panckoucke et Moutard, 1779, p. 1-36. L'éloge est ensuite placé en tête des œuvres complètes éditées par é. Blampignon.

43 D'Alembert, *Éloges lus dans les séances publiques*, *op. cit.*, p. 8.

44 Paris, Claude Hérissant, 1752.

45 Émile-Antoine Blampignon, *Massillon : d'après des documents inédits* [Reprod. en fac-sim. de l'éd. 1879], Genève, Slatkine, 1970.

l'abbé Maury distingue l'orateur et l'écrivain. Il juge le premier « trop souvent inférieur à sa renommée », à partir du manque de ce qu'il nomme les « traits sublimes », c'est-à-dire des élans oratoires, des expressions pathétiques, une forme de véhémence dans l'adresse aux fidèles, mais il considère en revanche que l'écrivain est remarquable, au point que « nul de nos auteurs les plus célèbres n'a porté l'élégance et la beauté continues du style à un plus haut degré de perfection[46] ». Cet éloge de l'élégance, qui reconnaît à Massillon une grande harmonie dans la disposition de la phrase et « un goût pur, ennemi de toute affectation », s'appuie sur l'observation de la régularité de ses phrases en dépit de répétitions : par un jeu de variantes, le prédicateur a l'art de reprendre les mêmes idées, sans tendre pour autant à l'amplification oratoire. Maury ouvre ainsi la voie au reproche de monotonie, qui est régulièrement posé au XIXe siècle. Colincamp par exemple, dans sa préface au *Petit carême* en 1851, est étonnamment critique à l'égard du texte qu'il édite, fustigeant les « subdivisions factices » des sermons, et plus encore ses répétitions. Les critiques mentionnent par ailleurs certes la douceur du style de Massillon, mais aussi ses négligences, voire son obscurité. C'est la perspective adoptée par Nisard dans son *Histoire de la littérature française*, celui-ci considérant que le prédicateur se laisse aller à une langue obscure, comparable à la préciosité de Marivaux : « Mais ce qui étonne peu d'un bel esprit, attriste dans un prédicateur ; et je ne fais peut-être pas si mal de m'émouvoir d'un travers d'esprit qui s'était glissé jusque dans la chaire, et qui en faisait descendre, par moments, au lieu de ce grand langage qui élève l'âme en perfectionnant le goût, d'ingénieuses obscurités qui gâtaient le goût et laissaient l'âme froide[47]. »

Comme les sermons dans leur ensemble à partir du milieu du XVIIIe siècle, les discours du *Petit carême* se conforment à une organisation ferme. Après avoir cité le verset évangélique qui lui donne son thème, le sermon se compose d'un exorde comportant l'annonce du plan, d'un développement en deux ou trois parties et d'une péroraison qui s'achève par une prière. Le prédicateur récapitule son raisonnement par un « voilà », souligne les articulations entre deux parties : « mais, en

46 Jean-Sifrein Maury, *Essai sur l'éloquence de la chaire* [1810], dans *Œuvres complètes*, Paris, Aucher-Eloy et Cie, 1827, p. 58.

47 Désiré Nisard, *Histoire de la littérature française*, Paris, Firmin-Didot et Cie, 1883, t. IV, p. 66.

second lieu », « enfin », « ce n'est pas tout » marquent de façon didactique les différents moments du discours. La Bruyère se moquait déjà de ces divisions très visibles et des artifices d'une prédication « parée de tous les ornements de la rhétorique[48] » ; ils sont cependant des outils nécessaires à l'orateur soucieux de soutenir l'attention de son auditoire. En cela, Massillon ne se distingue nullement de la pratique de ses confrères à la même époque, mais on remarquera cependant que ce souci de signaler la progression de la pensée ne se limite pas aux deux ou trois grandes parties du discours et descend dans le détail des développements, qui tendent à se subdiviser également en deux ou trois parties.

La rigueur des divisions contribue à l'impression de clarté se dégageant des sermons, qui concernent différents niveaux du texte : la clarté du raisonnement qui s'observe à l'échelle du discours caractérise aussi la phrase de Massillon, qui affectionne les structures antithétiques, les symétries, les parallélismes, d'autant plus repérables que ces constructions s'appuient fréquemment sur des reprises lexicales. Le prédicateur se garde par ailleurs des effets d'érudition et fait un usage très limité des citations. Les références à la patristique sont peu nombreuses et les versets évangéliques, lorsqu'ils sont donnés en latin, sont le plus souvent paraphrasés en français. Si l'on s'en tient à ces remarques, le reproche d'obscurité qu'une partie de la critique du XIXe siècle oppose au prédicateur apparaît énigmatique, mais encore faut-il ajouter que dans certaines pages le déploiement des figures de symétrie se fait insistant, jusqu'à structurer un paragraphe entier[49], ou bien produit des formes paradoxales : « Toutes les puissances de la terre semblent se réunir aujourd'hui pour condamner Jésus-Christ à la mort ; et la mort de Jésus-Christ n'est qu'une condamnation éclatante des passions des grands et des puissants de la terre ».

48 La Bruyère, *Les Caractères*, chap. « De la chaire », 10.

49 Par exemple dans le sermon pour la Passion : « Amis fidèles, je le veux ; mais c'est le goût, la vanité ou l'intérêt qui les lie, et dans leurs amis ils n'aiment qu'eux-mêmes. Bons citoyens, il est vrai ; mais la gloire et les honneurs qui nous reviennent en servant la patrie sont l'unique lien et le seul devoir qui les attachent. Amateurs de la vérité, je l'avoue ; mais ce n'est pas elle qu'ils cherchent, c'est le crédit et la confiance qu'elle leur acquiert parmi les hommes. Observateurs de leurs paroles ; mais c'est un orgueil qui trouverait de la lâcheté et de l'inconstance à se dédire ; ce n'est pas une vertu qui se fait une religion de ses promesses. Vengeurs de l'injustice ; mais, en la punissant dans les autres, ils ne veulent que publier qu'ils n'en sont pas capables eux-mêmes. Protecteurs de la faiblesse ; mais ils veulent avoir des panégyristes de leur générosité, et les éloges des opprimés sont ce que leur offrent de plus touchant leur oppression et leur misère. »

Les images sont peu nombreuses dans la prose de Massillon et passent moins souvent par la métaphore que par la forme explicite de la comparaison. Son inventivité linguistique se remarque davantage dans une atténuation des frontières séparant références concrètes et abstraites, qui suggère une perception à distance du monde des grands. Le prédicateur n'hésite pas à associer des termes hétérogènes lorsqu'il écrit « cet amas de gloire et de fumée » ou bien « elle seule m'adoucira les soucis de l'autorité et le poids de ma couronne[50] ». L'emploi d'un nom abstrait, quand on attendrait un adjectif (« une vivacité d'ostentation » plutôt qu'une ostentation vive, ou bien « une inégalité de caprice[51] ») contribue à cette impression. Lorsque Nisard accuse le prédicateur d'écrire à la manière des Précieuses ou de Marivaux, ce sont ces faits de style qu'il pointe. Que ces faits de style soient marginaux ou caractéristiques de la langue de Massillon importe moins que le changement du regard des lecteurs dont témoigne leur observation. Tandis qu'en 1745, le premier éditeur du prédicateur admire une éloquence qui porte droit au cœur de manière à convertir, la critique du XIXe siècle commente le style d'une prose. Cette évolution des modes de réception concerne l'ensemble de la prédication classique et l'on pourrait poser des analyses semblables concernant Bossuet, Fléchier ou Bourdaloue. Dans cette perspective, l'intérêt que suscite un « grand langage qui élève l'âme » à la manière de Bossuet, l'emporte sur l'impression d'onctuosité qui touchait des fidèles de Massillon.

Pourtant, dès lors qu'elle ne réduit pas le prédicateur à un orfèvre de l'expression éclatante et des sensations fortes, la lecture des sermons peut se montrer attentive à leur économie d'ensemble et permet de saisir toute la difficulté de l'entreprise moraliste qui, à la fois, produit un constat anthropologique sombre et enjoint au changement – une difficulté poussée au paroxysme dans le contexte du carême prêché aux Tuileries. En brossant le portrait des puissants animés par leurs passions tout en s'adressant au premier d'entre eux comme à celui qui incarne l'espoir du royaume, Massillon frôle la contradiction. L'appel à faire cesser les guerres par exemple est récurrent : « Sire, regardez toujours la guerre comme le plus grand fléau dont Dieu puisse affliger

50 Sermon « Du malheur des grands qui abandonnent Dieu ».

51 Sermon « Du malheur des grands qui abandonnent Dieu » et sermon « De l'humanité des grands envers le peuple ».

un empire : cherchez à désarmer vos ennemis plutôt qu'à les vaincre[52] ». Et cependant, le même sermon explique que les grands donnent libre cours à leur désir de gloire en recherchant les conquêtes, d'autant plus volontiers qu'ils sont toujours entourés de flatteurs. La présence à la fin de chaque sermon d'une longue prière en faveur du roi[53] laisse entrevoir une résolution de la tension morale : « Donnez donc, grand Dieu, votre sagesse et votre jugement au roi, et votre justice à cet enfant de tant de rois[54] ». L'onctuosité de Massillon prend ici toute sa force. Échappant au pessimisme du seul constat moral, le prédicateur affirme aux courtisans que « les noirs soucis » qui les rongent trouvent leur fin en Dieu, puisque « la joie même et la paix » s'offrent à ceux qui règnent dans « la crainte du Seigneur[55] ». Alors même que dans le développement du sermon l'appel à la conversion semble de peu de poids, tant sont considérables les péchés des grands, l'adresse réitérée de Massillon à un enfant dont le règne est à venir confère aux vœux qu'il formule la force du possible.

PRINCIPES D'ÉDITION

Cette édition se fonde sur l'édition originale des œuvres de Jean-Baptiste Massillon, que fait paraître son neveu, Joseph Massillon, entre 1745 et 1764 (Vve Estienne et Fils et Jean Hérissant, t. I). Cette édition originale ne présente que de très légères différences avec le manuscrit offert au roi en 1718, et nous les indiquons en notes comme variantes dès lors qu'il ne s'agit pas de la correction manifeste de coquilles.

Selon le principe des éditions Classiques Garnier, l'orthographe du texte est modernisée, de même que l'usage des majuscules. Les alinéas d'origine ont été respectés et la division des sermons en parties, qui figure en manchette, a été intégrée dans le corps du texte.

Nous avons choisi de réviser la ponctuation. Sur ce point, le manuscrit et l'édition originale sont en effet bien distincts. Le texte manuscrit fait

52 Sermon « Des exemples des grands ».

53 Fait exception le premier sermon, prêché avant le carême proprement dit, « Des exemples des grands ». Celui-ci ne s'achève pas par une prière à Dieu, mais par une exhortation au roi.

54 Sermon « Du malheur des grands qui abandonnent Dieu ».

55 *Ibid.*

un usage fréquent du point final, alors que le texte édité se conforme aux pratiques contemporaines pour la prose religieuse, en liant les propositions par des points-virgules et deux-points et en faisant un moindre emploi du point final. Le manuscrit peut donner l'impression d'un style coupé juxtaposant de brefs segments, alors que l'ouvrage édité tend à constituer les phrases comme de longues séquences, avec une valeur d'emploi de la ponctuation intermédiaire éloignée de ce qu'elle est aujourd'hui, témoignant du modèle toujours prégnant de la période oratoire. En supposant que le manuscrit royal ait été son principal support de travail, le premier éditeur s'est d'abord préoccupé de constituer des ensembles cohérents : le point final permet de clore une unité de sens parfois très longue, tandis que le point-virgule et les deux-points signalent des enchaînements logiques en son sein. Nous avons cherché à conserver ce principe des unités logico-sémantiques larges, tout en les adaptant au lecteur d'aujourd'hui. En particulier, le point-virgule est réservé à la juxtaposition des propositions subordonnées sur un même plan syntaxique, ou bien des propositions indépendantes sur un même plan logique, et les deux-points introduisent une proposition (ou une série de propositions) qui entretiennent un lien de cause ou de conséquence avec l'énoncé qui précède.

Les références bibliques indiquées en note adoptent le système d'abréviation de la Bible de Jérusalem. Les citations et les traductions bibliques sont empruntées dans l'ensemble à la Bible de Port-Royal (publiée entre 1665 et 1696, sous l'égide de Louis-Isaac Lemaistre de Sacy), et à la Traduction Œcuménique de la Bible lorsqu'il s'agit de livres qui ne sont pas édités par Sacy.

Les explications lexicales données en note font appel au *Dictionnaire universel* d'Antoine Furetière (Leers, La Haye, 1690, abrégé en Furetière) et au *Dictionnaire de l'Académie française* (Paris, Coignard, 1694, abrégé en *Dic. Académie*).

SERMONS POUR LES DIMANCHES DE CARÊME PRÊCHÉS DEVANT LOUIS XV AVANT SA MAJORITÉ DANS LA CHAPELLE DU CHÂTEAU DES TUILERIES, PAR MESSIRE JEAN-BAPTISTE MASSILLON, ÉVÊQUE DE CLERMONT, CI-DEVANT PRÊTRE DE L'ORATOIRE, UN DES QUARANTE DE L'ACADÉMIE FRANÇAISE[1]

1 Titre du recueil manuscrit de 1718. L'édition de 1746 porte en titre : *Petit carême*.

SERMON POUR LA FÊTE DE LA PURIFICATION DE LA SAINTE VIERGE[1]

Des exemples des grands

Ecce positus est hic in ruinam et in rescurrectionem multorum in Israël.

« Celui que vous voyez est établi pour la ruine et pour la résurrection de plusieurs en Israël. »

(Lc 2, 34)

Sire,

Telle est la destinée des rois et des princes de la terre, d'être établis pour la perte comme pour le salut du reste des hommes ; et quand le ciel les donne au monde, on peut dire que ce sont des bienfaits ou des châtiments publics que sa miséricorde ou sa justice prépare aux peuples.

Oui, Sire, en ce jour heureux où vous fûtes donné à la France et où, porté[2] dans le temple saint, le pontife vous marqua sur les autels du signe sacré de la foi[3], il fut vrai de dire de vous : cet enfant auguste vient de naître pour la perte comme pour le salut de plusieurs.

Jésus-Christ lui-même, prenant possession aujourd'hui, dans le temple, de sa nouvelle royauté, n'est pas exempt de cette loi[4]. Il est

1 Le prédicateur appelé à prêcher le carême prononce généralement, trois semaines avant, le sermon du dimanche de la Purification de la Sainte Vierge.

2 « Porté » se rapporte au pronom « vous », selon une construction usuelle en langue classique : le participe détaché porte sur un élément saillant, qui n'est pas nécessairement le sujet de la proposition.

3 C'est-à-dire, vous baptisa.

4 Allusion à un verset qui précède le texte commenté : Siméon avait appelé Jésus « le sauveur du monde, destiné par Dieu à être exposé à la vue de tous les peuples comme la

vrai que ses exemples, ses miracles, et sa doctrine, qui vont assurer le salut à tant de brebis d'Israël, ne deviendront une occasion de chute et de scandale pour le reste des Juifs, que par l'incrédulité qui les rendra plus inexcusables[5] ; et qu'ainsi le même évangile, qui sera le salut et la rédemption des uns, sera la ruine et la condamnation des autres.

Heureux les princes et les grands, si leur sainteté toute seule était, pour les hommes corrompus, une occasion de censure et de scandale, et si leurs exemples, comme ceux de Jésus-Christ, ne devenaient l'écueil et la condamnation du vice, qu'en le rendant plus inexcusable, en devenant l'appui et le modèle de la vertu !

Ainsi, mes frères, vous que la Providence a élevés au-dessus des autres hommes ; et vous surtout, Sire, vous que la main de Dieu, protectrice de cette monarchie, a comme retiré du milieu des ruines et des débris de la maison royale[6] pour vous placer sur nos têtes ; vous qu'il a rallumé comme une étincelle précieuse dans le sein même des ombres de la mort, où il venait d'éteindre toute votre auguste race, et où vous étiez sur le point de vous éteindre vous-même[7] ; oui, Sire, je le répète, voilà les destinées que le ciel vous prépare : vous êtes établi pour la perte comme pour le salut de plusieurs : *Positus in ruinam et in resurrectionem multorum in Israel.*

Les exemples des princes et des grands roulent sur cette alternative inévitable : ils ne sauraient ni se perdre ni se sauver tout seuls. Vérité capitale qui va faire le sujet de ce discours.

PREMIÈRE PARTIE

Sire,

Comme le premier penchant des peuples est d'imiter les rois, le premier devoir des rois est de donner de saints exemples aux peuples.

---

lumière qui éclairera les nations, et la gloire d'Israël » (Lc 2, 29).

5 Massillon oppose les disciples du Christ aux Juifs incrédules, en des termes qui témoignent de l'antijudaïsme catholique ordinaire de son temps.

6 Le grand Dauphin, fils de Louis XIV, meurt en 1712, ainsi que le duc et la duchesse de Bourgogne et leur fils aîné. Louis XIV lui-même meurt en 1715.

7 Louis XV avait contracté la rougeole, de même que son frère aîné, qui en mourut en 1712.

Les hommes ordinaires ne semblent naître que pour eux seuls, leurs vices ou leurs vertus sont obscurs comme leur destinée ; confondus dans la foule, s'ils tombent ou s'ils demeurent fermes, c'est également à l'insu du public ; leur perte ou leur salut se borne à leur personne ; ou du moins leur exemple peut bien séduire et détourner quelquefois de la vertu, mais il ne saurait imposer et autoriser le vice.

Les princes et les grands, au contraire, ne semblent nés que pour les autres. Le même rang qui les donne en spectacle les propose pour modèles ; leurs mœurs forment bientôt les mœurs publiques ; on suppose que ceux qui méritent nos hommages ne sont pas indignes de notre imitation ; la foule n'a point d'autre loi que les exemples de ceux qui commandent ; leur vie se reproduit, pour ainsi dire, dans le public, et si leurs vices trouvent des censeurs, c'est d'ordinaire parmi ceux mêmes qui les imitent.

Aussi la même grandeur qui favorise les passions les contraint et les gêne[8], et, comme dit un ancien[9], plus l'élévation semble nous donner de licence par l'autorité, plus elle nous en ôte par les bienséances.

Mais d'où viennent ces suites inévitables que les exemples des grands ont toujours parmi les peuples ? Le voici : du côté des peuples, c'est la vanité et l'envie de plaire ; du côté des grands, c'est l'étendue et la perpétuité.

Je dis la vanité du côté des peuples. Oui, mes frères, le monde, toujours inexplicable, a de tout temps attaché également de la honte et au vice et à la vertu ; il donne du ridicule à l'homme juste ; il perce de mille traits l'homme dissolu ; les passions et les œuvres saintes fournissent la même matière à ses dérisions[10] et à ses censures, et, par une bizarrerie que ses caprices seuls peuvent justifier, il a trouvé le secret de rendre en même temps et le vice méprisable et la vertu ridicule. Or, les exemples de dissolution dans les grands, en autorisant le vice, en ennoblissent la

---

8 *Gêner* : faire souffrir.

9 Allusion à Salluste : « Tout n'est pas également permis à tout le monde : ceux qui, dans une position inférieure, mènent une vie obscure, si l'emportement leur fait commettre une faute, peu de gens le savent, car leur notoriété est en rapport avec leur fortune ; ceux, au contraire, qui sont revêtus d'un grand pouvoir, et que leur élévation expose aux regards de tous, ne font rien qui ne soit universellement connu. Ainsi, plus la situation est élevée, plus grande est la contrainte » (Salluste, *De conjuratione Catilinae*, 51, dans *Catilina, Jugurtha. Discours et lettres tirés des Histoires*, trad. L. Constans, Paris, F. Vieweg, 1888, p. 65).

10 Emploi au pluriel, indiquant les manifestations concrètes de la dérision.

honte et l'ignominie et lui ôtent ce qu'il a de méprisable aux yeux du public : leurs passions deviennent bientôt dans les autres de nouveaux titres d'honneur, et la vanité seule peut leur former des imitateurs.

Notre nation surtout, ou plus vaine, ou plus frivole[a], comme on l'en accuse, ou, pour parler plus équitablement et lui faire plus d'honneur, plus attachée à ses maîtres et plus respectueuse envers les grands, se fait une gloire de copier leurs mœurs, comme un devoir d'aimer leur personne : on est flatté d'une ressemblance qui, nous rapprochant de leur conduite, semble nous rapprocher de leur rang. Tout devient honorable d'après de grands modèles, et souvent l'ostentation toute seule nous jette dans des excès auxquels l'inclination se refuse. La ville croirait dégénérer en ne copiant pas les mœurs de la cour[11] : le citoyen obscur, en imitant la licence des grands, croit mettre à ses passions le sceau de la grandeur et de la noblesse ; et le désordre dont le goût lui-même se lasse bientôt, la vanité toute seule le perpétue.

Mais, Sire, d'un autre côté, tout reprend sa place dans un État où les grands, et le prince surtout, adorent le Seigneur. La piété est en honneur dès qu'elle a de grands exemples pour elle : les justes ne craignent plus ce ridicule que le monde jette sur la vertu, et qui est l'écueil de tant d'âmes faibles ; on craint Dieu sans craindre les hommes ; la vertu n'est plus étrangère à la cour ; le désordre lui-même n'y va plus la tête levée, il est réduit à se cacher ou à se couvrir des apparences de la sagesse[12] ; la licence ne paraît plus revêtue de l'autorité publique ; et si le vice n'y perd rien, le scandale du moins diminue. En un mot, les devoirs de la religion entrent dans l'ordre public[13] ; ils deviennent une bienséance que le monde lui-même nous impose. Le culte peut encore être méprisé en secret par l'impie, mais il est vengé du moins par la majesté et la décence publique. Le temple saint peut encore voir au pied de ses autels des pécheurs et des incrédules, mais il n'y voit plus de profanateurs : le zèle de votre auguste bisaïeul avait par des lois sévères puni souvent et toujours flétri de son indignation et de sa disgrâce ce scandale dans son royaume[14]. Il peut se trouver encore des hommes corrompus qui refusent

11 Le mot « ville » désigne Paris, par opposition à la cour, à Versailles.

12 Le manuscrit comporte une phrase supplémentaire : « S'il y a encore des idoles dans les tentes de Jacob, Rachel du moins les cache et les adore à l'insu de ses frères. »

13 C'est-à-dire, les devoirs de la religion relèvent des devoirs sociaux.

14 Une ordonnance de Louis XIV condamnait sévèrement les blasphémateurs (voir A. Dierkens et J.-P. Schreiber (dir.), *Le blasphème : du péché au crime*, éditions de l'Université de Bruxelles, 2011).

à Dieu leur cœur, mais ils n'oseraient lui refuser leurs hommages. En un mot, il peut être encore aisé de se perdre, mais du moins il n'est pas honteux de se sauver.

Or, quand l'exemple des grands ne servirait qu'à autoriser la vertu, qu'à la rendre respectable sur la terre, qu'à lui ôter ce ridicule impie et insensé que le monde lui donne, qu'à mettre les justes à couvert de la tentation des dérisions et des censures, qu'à établir qu'il n'est pas honteux à l'homme de servir le Dieu qui l'a fait naître et qui le conserve, que le culte qu'on lui rend est le devoir le plus glorieux et le plus honorable à la créature, et que le titre de serviteur du Très-Haut est mille fois plus grand et plus réel que tous les titres vains et pompeux qui entourent le diadème des souverains ; quand l'exemple des grands n'aurait que cet avantage, quel honneur pour la religion, et quelle abondance de bénédictions pour un empire !

Sire, heureux le peuple qui trouve ses modèles dans ses maîtres, qui peut imiter ceux qu'il est obligé de respecter, qui apprend dans leurs exemples à obéir à leurs lois, et qui n'est pas contraint de détourner ses regards de ceux à qui il doit des hommages !

Mais quand les exemples des grands ne trouveraient pas dans la vanité seule des peuples une imitation toujours sûre, l'intérêt et l'envie de leur plaire leur donneraient autant d'imitateurs de leurs actions que leur autorité forme de prétendants à leurs grâces.

Le jeune roi Roboam[15] oublie les conseils d'un père le plus sage des rois ; une jeunesse inconsidérée est bientôt appelée aux premières places et partage ses faveurs en imitant ses désordres.

Les grands veulent être applaudis ; et comme l'imitation est de tous les applaudissements le plus flatteur et le moins équivoque, on est sûr de leur plaire dès qu'on s'étudie à leur ressembler : ils sont ravis de trouver dans leurs imitateurs l'apologie de leurs vices et ils cherchent avec complaisance dans tout ce qui les environne de quoi se rassurer contre eux-mêmes.

Ainsi l'ambition, dont les voies[16] sont toujours longues et pénibles, est charmée de se frayer un chemin plus court et plus agréable : le plaisir, d'ordinaire irréconciliable avec la fortune, en devient l'artisan et

---

15 Fils de Salomon, Roboam fut reconnu roi des douze tribus à la mort de son père (– 962 av. J.-C.) mais ses exigences tyranniques amenèrent bientôt la révolte de dix tribus, qui prirent pour roi Jéroboam et formèrent le royaume d'Israël.

16 *Voies* : au sens biblique, les procédés.

le ministre ; les passions, déjà si favorisées par nos penchants, trouvent encore dans l'espoir de la récompense un nouvel attrait qui les anime ; tous les motifs se réunissent contre la vertu ; et s'il est si malaisé de se défendre du vice qui plaît, qu'il est difficile de ne pas s'y livrer, lorsque de plus il nous honore[17] !

Tel est, Sire, le malheur des grands que des passions injustes entraînent. Leur exemple corrompt tous ceux que leur autorité leur soumet : ils répandent leurs mœurs en distribuant leurs grâces ; tout ce qui dépend d'eux veut vivre comme eux. Sire, n'estimez dans les hommes que l'amour du devoir, et vos bienfaits ne tomberont que sur le mérite ; condamnez dans les autres ce que vous ne sauriez vous justifier à vous-même. Les imitateurs des passions des grands insultent[18] à leurs vices en les imitant. Quel malheur, quand le souverain, peu content de se livrer au désordre, semble le consacrer par les grâces dont il l'honore dans ceux qui en sont ou les imitateurs ou les honteux ministres[19] ! Quel opprobre pour un empire ! Quelle indécence pour la majesté du gouvernement ! Quel découragement pour une nation, et pour les sujets habiles et vertueux à qui le vice enlève les grâces[20] destinées à leurs talents et à leurs services ! Quel décri[21] et quel avilissement pour le prince dans l'opinion des cours étrangères ! Et de là quel déluge de maux dans le peuple : les places occupées par des hommes corrompus ; les passions toujours punies par le mépris, devenues la voie des honneurs et de la gloire ; l'autorité établie pour maintenir l'ordre et la pudeur des lois[22], méritée par les excès qui les violent[23] ; les mœurs corrompues dans leur source ; les astres qui devaient marquer nos routes, changés en des feux errants qui nous égarent[24] ; les bienséances même publiques, dont le vice est toujours jaloux, renvoyées comme des usages surannés à l'antique gravité de nos pères ; le désordre débarrassé de la gêne même des

17 C'est-à-dire, il nous conduit aux honneurs.

18 En langue classique, « insulter » fait partie des verbes qui acceptent une construction directe et une construction indirecte par « à », sans variation sémantique.

19 *Ministre* : celui qui est chargé d'un office ; serviteur.

20 *Grâces* : récompenses.

21 *Décri* : perte de la réputation.

22 *La pudeur des lois* : le respect des lois.

23 Comprendre : l'autorité est obtenue par ceux qui violent les lois.

24 Les « feux errants » du ciel sont peut-être un rappel du tableau de Lucrèce évoquant le mouvement des astres (*De la nature des choses*, chant V, v. 517-525).

ménagements ; la modération dans le vice, devenue presque aussi ridicule que la vertu.

Mais, Sire, si la justice et la piété dans les grands prennent la place des passions et de la licence, quelle source de bénédictions pour les peuples ! C'est la vertu qui distribue les grâces ; c'est elle qui les reçoit : les honneurs vont chercher l'homme sage qui les mérite et qui les fuit, et fuient l'homme vendu à l'iniquité qui court après : les fonctions publiques ne font confiées qu'à ceux qui se dévouent au bien public ; le crédit et l'intrigue ne mènent à rien ; le mérite et les services n'ont besoin que d'eux-mêmes. Le goût même du souverain ne décide pas de ses largesses : rien ne lui paraît digne de récompense dans ses sujets, que[25] les talents utiles à la patrie ; les faveurs annoncent toujours le mérite ou le suivent de près. Il n'y a de mécontents dans l'État que les hommes oiseux et inutiles ; la paresse et la médiocrité murmurent toutes seules contre la sagesse et l'équité des choix ; les talents se développent par les récompenses qui les attendent ; chacun cherche à se rendre utile au public ; et toute l'habileté de l'ambition se réduit à se rendre digne des places auxquelles on aspire. En un mot, les peuples sont soulagés, les faibles soutenus, les vicieux laissés dans la boue, les justes honorés, Dieu béni dans les grands qui tiennent ici-bas sa place[26] ; et si l'envie de leur plaire peut former des hypocrites, outre que le masque tombe tôt ou tard, et que l'hypocrisie se trahit toujours par quelque endroit elle-même, c'est du moins un hommage que le vice rend à la vertu, en s'honorant même de ses apparences.

Voilà du côté des peuples, les suites que la vanité et l'envie de plaire attachent toujours aux exemples des grands : de leur côté, c'est l'étendue et la perpétuité qui en font comme le signal ou du désordre ou de la vertu parmi les hommes.

---

25 *Que* : si ce n'est.

26 Dans l'ensemble du carême, Massillon développe l'idée que le roi est le représentant de Dieu auprès de ses sujets ; il étend ici ce principe aux grands.

SECONDE PARTIE

Je dis l'étendue, une étendue d'autorité : que de ministres de leurs passions n'enveloppent-ils pas dans leur condamnation et dans leur destinée !

Si un amour outré[27] de la gloire les enivre, tout leur souffle la désolation et la guerre ; et alors, Sire, que de peuples sacrifiés à l'idole de leur orgueil ! Que de sang répandu qui crie vengeance contre leur tête ! Que de calamités publiques dont ils sont les seuls auteurs ! Que de voix plaintives s'élèvent au ciel contre des hommes nés pour le malheur des autres hommes ! Que de crimes naissent d'un seul crime ! Leurs larmes pourraient-elles jamais laver les campagnes teintes du sang de tant d'innocents ? Et leur repentir tout seul peut-il désarmer la colère du ciel, tandis qu'il laisse encore après lui tant de troubles et de malheur sur la terre ?

Sire, regardez toujours la guerre comme le plus grand fléau dont Dieu puisse affliger un empire : cherchez à désarmer vos ennemis plutôt qu'à les vaincre. Dieu ne vous a confié le glaive que pour la sûreté de vos peuples, et non pour le malheur de vos voisins. L'empire sur lequel le ciel vous a établi est assez vaste : soyez plus jaloux d'en soulager les misères que d'en étendre les limites ; mettez plutôt votre gloire à réparer les malheurs des guerres passées[28] qu'à en entreprendre de nouvelles ; rendez votre règne immortel par la félicité de vos peuples plus que par le nombre de vos conquêtes ; ne mesurez pas sur votre puissance la justice de vos entreprises ; et n'oubliez jamais que, dans les guerres les plus justes, les victoires traînent toujours après elle autant de calamités pour un État que les plus sanglantes défaites.

Mais si l'amour du plaisir l'emporte dans les souverains sur la gloire, hélas ! tout sert à leurs passions, tout s'empresse pour en être les ministres[29], tout en facilite le succès, tout en réveille les désirs, tout prête des armes à la volupté : des sujets indignes la favorisent ; les adulateurs

27 *Outré* : excessif.

28 Allusion à la guerre de Succession d'Espagne (1701-1714) qui a marqué la fin du règne de Louis XIV, avec une série de défaites à partir de 1704 (batailles de Höchstädt, de Ramilies et de Turin notamment), et un coût exorbitant pour les pays engagés.

29 Dans sa valeur la plus large, le pronom « tout » peut avoir un référent humain, ce qui explique ici l'emploi de « ministres ».

lui donnent des titres d'honneur; des auteurs profanes la chantent et l'embellissent; les arts s'épuisent pour en diversifier les plaisirs; tous les talents destinés par l'auteur de la nature à servir à l'ordre et à la décoration de la société ne servent plus qu'à celle du vice; tout devient les ministres, et par là les complices de leurs passions injustes. Sire, qu'on est à plaindre dans la grandeur! Les passions, qui s'usent par le temps, s'y perpétuent par les ressources; les dégoûts, toujours inséparables du désordre, y sont réveillés par la diversité des plaisirs; le tumulte seul, et l'agitation qui environne le trône, en bannit les réflexions, et ne laisse jamais un instant le souverain avec lui-même. Les Nathan[30] eux-mêmes, les prophètes du Seigneur, se taisent et s'affaiblissent en l'approchant : tout lui met sans cesse sous l'œil sa gloire, tout lui parle de sa puissance, et personne n'ose lui montrer même de loin ses faiblesses.

À l'étendue de de l'autorité ajoutez encore une étendue d'éclat : ce n'est pas à leur nation seule que se borne l'impression et l'effet contagieux de leurs exemples. Les grands sont en spectacle à tout l'univers. Leurs actions passent de bouche en bouche, de province en province, de nation en nation : rien n'est privé dans leur vie, tout appartient au public; l'étranger, dans les cours les plus éloignées, a les yeux sur eux comme le citoyen; ils vont se faire des imitateurs jusque dans les lieux où leur puissance leur forme des ennemis; le monde entier se sent[31] de leurs vertus ou de leurs vices; ils sont, si je l'ose dire, citoyens de l'univers; au milieu de tous les peuples se passent des événements qui prennent leur source dans leurs exemples; ils sont chargés devant Dieu de la justice ou des iniquité des nations, et leurs vices ou leurs vertus ont des bornes encore plus étendues que celle de leur empire.

La France surtout, qui depuis longtemps fixe tous les regards de l'Europe, est encore plus en spectacle qu'aucune autre nation : les étrangers y viennent en foule étudier nos mœurs, et les porter ensuite dans les contrées les plus éloignées; nous y voyons même les enfants des souverains[32] s'éloigner des plaisirs et de la magnificence de leur cour, venir

30 Dans la Bible, Nathan est l'envoyé de Dieu qui annonce à David le châtiment qui le frappera pour avoir tué Urie le Hittite et pris sa femme (2 S 12).

31 *Se sentir* : « Participer à un bien ou à un mal commun à plusieurs. Tout le monde se sent des calamités publiques, de la stérilité, de la guerre, ou de la contagion » (Furetière).

32 Allusion aux princes qui ont séjourné en France, souvent incognito, notamment : Alexandre Farnèse, frère du duc de Parme Ranuce II (1660 et 1661); Jean-Gaston,, fils du prince Côme de Médicis (1698); le prince Antoine, frère du duc François Farnese (1699);

ici comme des hommes privés substituer à la langue et aux manières de leur nation la politesse[33] de la nôtre et, comme le trône a toujours leurs premiers regards, se former sur la sagesse et la modération, ou sur l'orgueil et les excès du prince qui le remplit. Sire, montrez-leur un souverain qu'ils puissent imiter ; que vos vertus et la sagesse de votre gouvernement les frappent encore plus que votre puissance ; qu'ils soient encore plus surpris de la justice de votre règne que de la magnificence de votre cour. Ne leur montrez pas vos richesses, comme ce roi de Juda aux étrangers venus de Babylone[34] ; montrez-leur votre amour pour vos sujets et leur amour pour vous, qui est le véritable trésor des souverains. Soyez le modèle des bons rois, et, en faisant l'admiration des étrangers, vous ferez le bonheur de vos peuples.

Mais ce n'est pas seulement aux hommes de leur siècle que les princes et les grands sont redevables ; leurs exemples ont un caractère de perpétuité qui intéresse tous les siècles à venir.

Les vices ou les vertus des hommes du commun meurent d'ordinaire avec eux ; leur mémoire périt avec leur personne ; le jour de la manifestation[35] tout seul révélera leurs actions aux yeux de l'univers ; mais, en attendant, leurs œuvres sont ensevelies et reposent sous l'obscurité du même tombeau que leurs cendres.

Mais les princes et les grands, Sire, sont de tous les siècles : leur vie, liée avec les événements publics, passe avec eux d'âge en âge ; leurs passions, ou conservées dans des monuments publics, ou immortalisées dans nos histoires, ou chantées par une poésie lascive, iront encore préparer des pièges à la dernière postérité. Le monde est encore plein d'écrits pernicieux qui ont transmis jusqu'à nous les désordres des cours précédentes[36] : les dissolutions des grands ne meurent point ; leurs exemples prêcheront

---

Charles III Ferdinand de Gonzague, fils du duc de Mantoue (1704). Voir Jean Boutier « Les visiteurs italiens du Roi-Soleil : alliances princières, apprentissages aristocratiques et fidélités nobiliaires », dans C. Zum Kolk *et al.* (dir.), *Voyageurs étrangers à la cour de France (1589-1789)*, Rennes, PUR, 2014, p. 99 : « à partir des années 1660, les princes italiens qui visitent la cour sont en quasi-totalité des fils ou des frères de souverains en train de réaliser leur Grand Tour d'Europe ».

33 *Politesse* : culture.

34 Recevant des envoyés du roi de Babylone Mérodak-Baladân, le roi Ézechias leur montra tous ses trésors (2 R 20, 12-13).

35 *Le jour de la manifestation* : le jour du jugement dernier.

36 Allusion à la mode des histoires secrètes qui fleurit entre la fin du XVIIe et le milieu du XVIIIe siècle (voir B. Guion, *Du Bon usage de l'histoire. Histoire, morale et politique à l'âge classique*, Paris, Champion, 2008). Nombreux sont en effet les récits de ce genre qui

encore le vice ou la vertu à nos plus reculés neveux, et l'histoire de leurs mœurs aura la même durée que celle de leur siècle.

Que d'engagements[37] heureux, Sire, leur État seul ne forme-t-il pas aux grands et aux rois pour la piété et pour la justice ! S'ils y trouvent plus d'attraits pour le vice, que de puissants motifs n'y trouvent-ils pas aussi pour la vertu ! Quelle noble retenue ne doit pas accompagner des actions qui seront écrites en caractères ineffaçables dans le livre de la postérité ! Quelle gloire mieux placée que de ne point se livrer[b] à des vices et à des passions dont le souvenir souillera l'histoire de tous les temps et les hommes de tous les siècles ! Quelle émulation plus louable que de laisser des exemples qui deviendront les titres les plus précieux de la monarchie, et les monuments publics de la justice et de la vertu ! Enfin, quoi de plus grand que d'être né pour le bonheur même des siècles à venir, de compter que nos exemples seuls formeront une succession de vertu et de crainte du Seigneur parmi les hommes, et que de nos cendres mêmes il en renaîtra d'âge en âge des princes qui nous seront semblables !

Telle est, Sire, la destinée des bons rois ; et tel fut votre auguste bisaïeul[38], ce grand roi que nous vous proposerons toujours pour modèle : hélas[39] ! il le sera de tous les rois à venir. N'oubliez jamais ces derniers moments où cet héroïque vieillard, comme aujourd'hui Siméon[40], vous tenant entre ses bras, vous baignant de ses larmes paternelles et offrant au Dieu de ses pères ce reste précieux de sa race royale, quitta la vie avec joie, puisque ses yeux voyaient l'enfant miraculeux que Dieu réservait encore pour être le salut de la nation et la gloire d'Israël.

Sire, ne perdez jamais de vue ce grand spectacle, ce père des rois[41] mourant et voyant revivre en vous seul l'espérance de toute sa postérité éteinte ; recommandant votre enfance à la tendre et respectable dépositaire

---

discréditent la vie de la cour et le pouvoir royal, sur le modèle des *Anecdotes de Florence, ou l'Histoire secrète de la maison des Médicis* (1685) d'Antoine Varillas.

37 *Engagement* : attache, obligation.

38 Louis XIV.

39 Exprimant la plainte, l'interjection « hélas » ne doit pas être comprise comme une condamnation de l'idée que Louis XIV soit toujours proposé comme modèle ; elle est associée ici à l'émotion du souvenir.

40 Personnage central de l'évangile lu pour cette fête de la présentation de Jésus au temple (Lc 2, 25-35).

41 L'expression « père des rois » est à comprendre dans un sens large : aucun des fils de Louis XIV n'a régné et Louis XV est son arrière-petit-fils.

de votre première éducation[42], laquelle, en formant vos premières inclinations et, pour ainsi dire vos premières paroles, fut sur le point de recueillir vos derniers soupirs ; confiant le sacré dépôt de votre personne au pieux prince[43] qui vous inspire des sentiments dignes de votre sang ; à l'illustre maréchal[44] qui a reçu comme une vertu héréditaire la science d'élever les rois et qui, devenu un des premiers sujets de l'État, vous apprendra à devenir le plus grand roi de votre siècle ; au prélat fidèle[45] qui, après avoir gouverné sagement l'Église, lui formera en vous son plus zélé protecteur ; enfin, à toute la nation, dont vous êtes en même temps et le précieux pupille et le père.

Puissiez-vous, Sire, n'effacer jamais de votre souvenir les maximes de sagesse que ce grand prince vous laissa dans ses derniers moments comme un héritage plus précieux que sa couronne !

Il vous exhorta à soulager vos peuples ; soyez-en le père, et vous en serez doublement le maître.

Il vous inspira l'horreur de la guerre et vous exhorta de[46] ne pas suivre là-dessus son exemple : soyez un prince pacifique ; les conquêtes les plus glorieuses sont celles qui nous gagnent les cœurs.

Il vous avertit de craindre le Seigneur : marchez[47] devant lui dans l'innocence ; vous ne régnerez heureusement qu'autant que vous régnerez saintement.

Sire, que les dernières paroles de ce grand roi, de ce patriarche de votre famille royale, soient, comme celles du patriarche Jacob mourant[48], les prédictions de ce qui doit arriver un jour à sa race ! Et puissent ses dernières instructions devenir la prophétie de votre règne ! Ainsi soit-il.

---

42 La duchesse de Ventadour (1644-1754), gouvernante du jeune Louis XV.

43 Le duc du Maine (1670-1736), fils légitimé de Louis XIV et de Madame de Montespan. Louis XIV lui confie par testament la tutelle de Louis XV.

44 Le duc de Villeroy (1644-1730). Ministre de Louis XIV, il devient membre du conseil de Régence en 1715.

45 Le cardinal Fleury (1653-1743), aumônier de Louis XIV, puis précepteur de Louis XV à partir de 1716.

46 Le verbe « exhorter » est habituellement construit avec la préposition « à ».

47 Dt 10, 12 : « Maintenant donc, Israël, qu'est-ce que le Seigneur, votre Dieu, demande de vous, sinon que vous craigniez le Seigneur, votre Dieu, que vous marchiez dans ses voies ».

48 Gn 49, 28-33.

SERMON POUR LE PREMIER DIMANCHE DE CARÊME

Sur les tentations des grands

Jesus ductus est in desertum a spiritu, ut tentaretur a diabolo.
« Jésus fut conduit par l'Esprit dans le désert, pour y être tenté par le diable. »
(Mt 4, 1)

Sire,

Les signes éclatants qui avaient accompagné la naissance et les commencements de la vie de Jésus-Christ ne permettaient pas au démon d'ignorer que le Très-Haut ne le destinât à de grandes choses.

Plus il entrevoit les premières lueurs de sa grandeur future, plus il se hâte de lui dresser des pièges. Sa descendance des rois de Juda[1], son droit à la couronne de ses ancêtres, les prophéties qui annonçaient que, dans les derniers temps, Dieu susciterait de la race de David le prince de la paix[2] et le libérateur de son peuple[3], tout ce qui annonce la grandeur de Jésus-Christ arme la malice[4] du tentateur contre son innocence.

Les grands, Sire, sont les premiers objets de sa fureur : plus exposés que les autres hommes à ses séductions et à ses pièges, il commence

---

1 Une généalogie légendaire, faisant des rois de France les descendants des rois d'Israël, remonte à la période médiévale. Voir A. Graboïs, « Un mythe fondamental de l'histoire de France au Moyen âge : Le "roi David", précurseur du "roi très chrétien" », *Revue historique*, t. 287, 1992, p. 11-31.

2 Is 9, 6, « Car un petit enfant nous est né, et un fils nous a été donné : il portera sur son épaule la marque de sa principauté : et il sera appelé l'Admirable, le Conseiller, Dieu, le Fort, le Père du siècle futur, le Prince de la paix. »

3 Jésus-Christ libérateur de son peuple, c'est-à-dire qui le sauve du péché.

4 *Malice* : disposition à faire le mal.

de bonne heure à leur en préparer ; et comme leur chute lui répond de celle de tous ceux presque qui dépendent d'eux, il rassemble tous ses traits pour les perdre.

« Changez ces pierres en pain[5] », dit-il à Jésus-Christ : il l'attaque d'abord par le plaisir ; et c'est le premier piège qu'il dresse à leur innocence.

« Puisque vous êtes le Fils de Dieu, ajoute-t-il, il enverra ses anges pour vous garder[6] » : il continue par l'adulation ; et c'est un trait encore plus dangereux dont il empoisonne leur âme.

Enfin, « Je vous donnerai les royaumes du monde, et toute leur gloire[7] » : il finit par l'ambition ; et c'est la dernière et la plus sûre ressource qu'il emploie pour triompher de leur faiblesse.

Ainsi le plaisir commence à leur corrompre le cœur ; l'adulation l'affermit dans l'égarement et lui ferme toutes les voies de la vérité ; l'ambition consomme[8] l'aveuglement et achève de creuser le précipice. Exposons ces vérités importantes[a], après avoir imploré, etc. AVE MARIA.

PREMIÈRE PARTIE

Sire,

Le premier écueil de notre innocence, c'est le plaisir. Les autres passions, plus tardives, ne se développent et ne mûrissent, pour ainsi dire, qu'avec la raison ; celle-ci la prévient, et nous nous trouvons corrompus avant presque[9] d'avoir pu connaître ce que nous sommes. Ce penchant infortuné, qui souille tout le cours de la vie des hommes, prend toujours sa source dans les premières mœurs : c'est le premier trait empoisonné qui blesse l'âme, c'est lui qui efface sa première beauté, et c'est de lui que coulent ensuite tous ses autres vices.

Mais ce premier écueil de la vie humaine devient comme l'écueil privilégié de la vie des grands. Dans les autres hommes, cette passion

---

5 Mt 4, 3.
6 *Ibid.*
7 *Ibid.*
8 *Consommer* : achever.
9 « Presque » porte sur « avant ».

déplorable n'exerce jamais qu'à demi son empire : les obstacles la traversent, la crainte des discours publics la retient, l'amour de la fortune la partage[10].

Dans les princes et dans les grands, ou elle ne trouve point d'obstacle, ou les obstacles eux-mêmes, facilement écartés, l'enflamment et l'irritent. Hélas ! quels obstacles a jamais trouvés là-dessus la volonté de ceux qui tiennent en leurs mains la fortune publique ? Les occasions préviennent presque leurs désirs ; leurs regards, si j'ose parler ainsi, trouvent partout des crimes qui les attendent ; l'indécence du siècle et l'avilissement des cours honorent même d'éloges publics les attraits qui réussissent à les séduire. On rend des hommages indignes à l'effronterie la plus honteuse ; un bonheur si honteux est regardé avec envie, au lieu de l'être avec exécration ; et l'adulation publique couvre l'infamie du crime public. Non, Sire, les princes, dès qu'ils se livrent au vice, ne connaissent plus d'autre frein que leur volonté, et leurs passions ne trouvent pas plus de résistance que leurs désordres.

David veut jouir de son crime[11] : l'élite de son armée est bientôt sacrifiée, et par là périt le seul témoin incommode à son incontinence. Rien ne coûte et rien ne s'oppose aux passions des grands : ainsi la facilité des passions en devient un nouvel attrait. Devant eux toutes les voies du crime s'aplanissent, et tout ce qui plaît est bientôt possible.

La crainte du public est un autre frein pour la licence du commun des hommes. Quelque corrompues que soient nos mœurs, le vice n'a pas encore perdu parmi nous toute sa honte ; il reste encore une sorte de pudeur publique qui nous force à le cacher, et le monde lui-même, qui semble s'en faire honneur, lui attache[12] pourtant encore une espèce de flétrissure et d'opprobre : il favorise les passions, et il impose pourtant des bienséances qui les gênent ; il fait des leçons publiques du vice et de la volupté, et il exige pourtant le secret et une sorte de ménagement de ceux[13] qui s'y livrent.

Mais les princes et les grands ont secoué ce joug : ils ne font pas assez de cas des hommes pour redouter leurs censures[14] ; les hommages

---

10 Comprendre que « l'amour de la fortune » diminue la « passion déplorable » qu'est le plaisir.

11 Voir 2 S 11. Le crime du roi David est double : après avoir commis l'adultère avec Bethsabée, il fait assassiner son rival, Urie le Hittite, valeureux officier de son armée.

12 *Lui* : renvoie au « vice ».

13 Comprendre : de la part de ceux.

14 *Censures* : critiques.

publics qu'on leur rend les rassure sur le mépris secret qu'on a pour eux ; ils ne craignent pas un public qui les craint et qui les respecte, et, à la honte du siècle, ils se flattent avec raison qu'on a pour leurs passions les mêmes égards que pour leur personne. La distance qu'il y a d'eux au peuple le leur montre dans un point de vue si éloigné, qu'ils le regardent comme s'il n'était pas[15] : ils méprisent des traits partis de si loin et qui ne sauraient venir jusqu'à eux ; et presque toujours, devenus les seuls objets de la censure publique, ils sont les seuls qui l'ignorent.

Ainsi, plus on est grand, Sire, plus on est redevable au public. L'élévation, qui blesse déjà l'orgueil de ceux qui nous sont soumis, les rend des censeurs plus sévères et plus éclairés de nos vices ; il semble qu'ils veulent regagner par les censures ce qu'ils perdent par la soumission ; ils se vengent de la servitude par la liberté des discours. Non, Sire, les grands se croient tout permis, et on ne pardonne rien aux grands ; ils vivent comme s'ils n'avaient point de spectateurs, et cependant ils sont tout seuls comme le spectacle éternel du reste de la terre.

Enfin, l'ambition et l'amour de la fortune, dans les autres hommes, partage l'amour du plaisir ; les soins qu'elle exige sont autant de moments dérobés à la volupté ; le désir de parvenir suspend du moins des passions qui, de tout temps, en ont été l'obstacle ; on ne saurait allier les mouvements sages et mesurés de l'ambition[16] avec le loisir, l'oisiveté, et presque toujours le dérangement et les extravagances du vice. En un mot, la débauche a toujours été l'écueil inévitable de l'élévation, et jusques ici les plaisirs ont arrêté bien des espérances de fortune et l'[17]ont rarement avancée.

Mais les princes et les grands, qui n'ont plus rien à désirer du côté de la fortune, n'y trouvent rien aussi qui gêne leurs plaisirs : la naissance leur a tout donné ; ils n'ont plus qu'à jouir, pour ainsi dire, d'eux-mêmes ; leurs ancêtres ont travaillé pour eux ; le plaisir devient l'unique soin qui les occupe ; ils se reposent de leur élévation sur leurs titres ; tout le reste est pour les passions.

Aussi les enfants des hommes illustres sont d'ordinaire les successeurs du rang et des honneurs de leurs pères, et ne le sont pas de leur gloire

---

15 Comprendre : ils regardent le peuple comme s'il n'existait pas.

16 L'ambition n'est pas présentée ici comme un vice, mais comme la source d'une action raisonnable.

17 Le pronom « l' » reprend le nom « fortune », bien que celui-ci soit employé sans article.

et de leurs vertus : l'élévation dont la naissance les met en possession les empêche toute seule de s'en rendre dignes : héritiers d'un grand nom, il leur paraît inutile de s'en faire un à eux-mêmes ; ils goûtent les fruits d'une gloire dont ils n'ont pas goûté l'amertume ; le sang et les travaux de leurs ancêtres deviennent le titre de leur mollesse et de leur oisiveté ; la nature a tout fait pour eux ; elle ne laisse plus rien à faire au mérite ; et souvent l'époque glorieuse de l'élévation d'une race devient un moment après elle-même, sous un indigne héritier, le signal de sa décadence et de son opprobre. Les exemples là-dessus sont de toutes les nations et de tous les siècles.

Salomon[18] avait porté la gloire de son nom jusqu'aux extrémités de la terre ; l'éclat et la magnificence de son règne avait surpassé celle de tous les rois d'Orient. Un fils insensé devient le jouet de ses propres sujets et voit dix tribus se choisir un nouveau maître[19]. Les enfants de la gloire et de la magnificence sont rarement les enfants de la sagesse et de la vertu, et il est presque plus rare de soutenir[20] la gloire et les honneurs auxquels on succède, que de les acquérir soi-même.

DEUXIÈME PARTIE

Le plaisir est donc le premier écueil des grands, et c'est par là que le tentateur commence à les séduire ; il continue par l'adulation. Le plaisir corrompt le cœur par le vice ; l'adulation achève de le fermer à la vertu. Les attraits qui environnent le trône soufflent de toutes parts la volupté ; l'adulation la justifie. Le désordre laisse toujours au fond de l'âme le ver dévorant, mais le flatteur traite le remords de faiblesse, enhardit la timidité du crime[21] et lui ôte la seule ressource qui pouvait le ramener à la pudeur[22] de l'ordre et de la raison.

---

18 Selon la Bible (I R), Salomon, fils de David, fut roi des douze tribus d'Israël, jusqu'à sa mort en 931 av. J.-C. C'est sous son règne que le premier royaume d'Israël aurait atteint son expansion géographique maximale et connu une période de grande prospérité.

19 Voir le sermon pour la fête de la Purification, note 15.

20 *Soutenir* : maintenir.

21 *Timidité* : crainte devant le danger. Comprendre : le démon encourage au crime.

22 *Pudeur* : retenue.

Sire, quel fléau pour les grands, que ces hommes nés pour applaudir à leurs passions, ou pour dresser des pièges à leur innocence ! Quel malheur pour les peuples, quand les princes et les puissants se livrent à ces ennemis de leur gloire, parce qu'ils le[23] sont de la sagesse et de la vérité ! Les fléaux des guerres et des stérilités sont des fléaux passagers, et des temps plus heureux ramènent bientôt la paix et l'abondance : les peuples en sont affligés, mais la sagesse du gouvernement leur laisse espérer des ressources. Le fléau de l'adulation ne permet plus d'en attendre : c'est une calamité pour l'État, qui en promet toujours de nouvelles ; l'oppression des peuples déguisée au souverain ne leur annonce que des charges plus onéreuses ; les gémissements les plus touchants que forme la misère publique passent bientôt pour des murmures ; les remontrances les plus justes et les plus respectueuses, l'adulation les travestit en une témérité punissable, et l'impossibilité d'obéir n'a plus d'autre nom que la rébellion et la mauvaise volonté qui refuse. Que le Seigneur, disait autrefois un saint roi[24], confonde ces langues trompeuses et ces lèvres fausses qui cherchent à nous perdre, parce qu'elles ne s'étudient qu'à nous plaire !

Sire, défiez-vous de ceux qui, pour autoriser les profusions immenses des rois, leur grossissent sans cesse l'opulence de leurs peuples. Vous succédez à une monarchie florissante, il est vrai, mais que les pertes passées ont accablée[25]. Le zèle de vos sujets est inépuisable, mais ne mesurez pas là-dessus les droits que vous avez sur eux : leurs forces ne répondront de longtemps à leur zèle ; les nécessités de l'État les ont épuisées. Laissez-les respirer de leur accablement : vous augmenterez vos ressources en augmentant leur tendresse. Écoutez les conseils des sages et des vieillards auxquels votre enfance est confiée[26] et qui présidèrent aux conseils de votre auguste bisaïeul ; et souvenez-vous de ce jeune roi de Juda[27] dont je vous ai déjà cité l'exemple, qui, pour avoir

---

23 Comprendre : ils sont ennemis de la sagesse et de la vérité. Le pronom « le » reprend le nom « ennemis », sans garder la même valeur référentielle, puisque le nom est d'abord employé dans un groupe nominal déterminé par un démonstratif.

24 L'expression désigne David, avec une citation du Ps 12, 3-4 : « On ne fait que mentir, chacun à son prochain, lèvres trompeuses, langage d'un cœur double. Que Yahvé retranche toute lèvre trompeuse, la langue qui fait de grandes phrases. »

25 Allusion à la guerre de Succession d'Espagne (1701-1714).

26 Référence au Conseil de régence (la polysynodie) qui gouvernait la France depuis la mort de Louis XV, avec plus de soixante ministres. Le duc d'Orléans, qui présidait le conseil, décida de sa dissolution en septembre 1718.

27 L'expression désigne Roboam. Voir le sermon pour la fête de la Purification, note 15.

préféré les avis d'une jeunesse inconsidérée à la sagesse et à la maturité de ceux aux conseils desquels Salomon son père était redevable de la gloire et de la prospérité de son règne, et qui lui conseillaient d'affermir les commencements du sien par le soulagement de ses peuples, vit un nouveau royaume se former des débris de celui de Juda ; et, pour avoir voulu exiger de ses sujets au-delà de ce qu'ils lui devaient, il perdit leur amour et leur fidélité qui lui était due. Les conseils agréables sont rarement des conseils utiles, et ce qui flatte les souverains fait d'ordinaire le malheur des sujets.

Oui, Sire, par l'adulation les vices des grands se fortifient ; leurs vertus mêmes se corrompent. Leurs vices se fortifient : et quelle ressource peut-il rester à des passions qui ne trouvent autour d'elles que des éloges ? Hélas ! comment pourrions-nous haïr et corriger ceux de nos défauts que l'on loue, puisque ceux mêmes qu'on censure trouvent encore au-dedans de nous, non seulement des penchants, mais des raisons mêmes qui les défendent ? Nous nous faisons à nous-mêmes l'apologie de nos vices : l'illusion peut-elle se dissiper, lorsque tout[28] ce qui nous environne nous les donne pour des vertus ?

Leurs vertus mêmes se corrompent. C'est l'expérience de tous les siècles, disait Assuérus[29] : les suggestions flatteuses des méchants ont toujours perverti les inclinations louables des meilleurs princes, et les plus anciennes histoires nous en fournissent des exemples : *et ex veteribus probatur historiis... quomodo malis quorumdam suggestionibus regum studia depraventur*[30].

C'était un roi infidèle qui faisait cet aveu public à ses sujets : les conseils spécieux et iniques d'un flatteur[31] allaient souiller toute la gloire de son

---

28 En langue classique, le pronom « tout » peut désigner des personnes : tous ceux qui.

29 Selon la Bible (Esth), Assuérus (traditionnellement identifié à Xerxès Ier), roi de Perse, épousa Esther, qui appartenait à la quatrième génération de Juifs exilés à Babylone. Grâce à Mardochée, oncle d'Esther, un complot contre le roi fut déjoué. Par jalousie, Haman (Aman), ministre du roi, projeta l'exécution par décret de tous les Juifs de Babylone, mais Mardochée et Esther obtinrent le retournement de la situation et l'exécution d'Haman. Aux XVIe et XVIIe siècles, cet épisode biblique a donné matière à une série de pièces de théâtre, dont la tragédie de Racine : *Esther* (1689).

30 Esth 16, 7 : « Ceci se voit clairement par les anciennes histoires, et on voit encore tous les jours combien les bonnes inclinations des Princes sont souvent altérées par de faux rapports. » Ces versets ne figurent pas dans les traductions modernes de la Bible (*cf.* P.-M. Bogaert, « Les formes anciennes du livre d'Esther », *Revue théologique de Louvain*, nº 40, 2009, p. 66-77).

31 Allusion à Haman (Esth).

empire ; la fidélité du seul Mardochée[32] arrêta le bras prêt à tomber sur les innocents. Un seul sujet fidèle décide souvent de la félicité d'un règne et de la gloire du souverain ; il ne faut aussi qu'un seul adulateur pour flétrir toute la gloire du prince et faire tout le malheur d'un empire.

En effet, l'adulation enfante l'orgueil, et l'orgueil est toujours l'écueil fatal de toutes les vertus. L'adulateur, en prêtant aux grands les qualités louables qui leur manquent, leur fait perdre celles mêmes que la nature leur avait données. Il change en sources de vice des penchants qui étaient en eux des espérances de vertu : le courage dégénère en présomption ; la majesté qu'inspire la naissance, qui[33] sied si bien au souverain, n'est plus qu'une vaine fierté qui l'avilit et le dégrade ; l'amour de la gloire, qui coule en eux avec le sang des rois leurs ancêtres, devient une vanité insensée qui voudrait voir l'univers entier à leurs pieds, qui cherche à combattre seulement pour avoir l'honneur frivole de vaincre, et qui, loin de dompter leurs ennemis, leur en fait de nouveaux, et arme contre eux leurs voisins et leurs alliés ; l'humanité, si aimable dans l'élévation, et qui est comme le premier sentiment qu'on verse dès l'enfance dans l'âme des rois, se bornant à des largesses outrées[34] et à une familiarité sans réserve pour un petit nombre de favoris, ne leur laisse plus qu'une dure insensibilité pour les misères publiques ; les devoirs mêmes de la religion, dont ils sont les premiers protecteurs, et qui avaient fait la plus sérieuse occupation de leur premier âge, ne leur paraissent plus bientôt que les amusements puérils de l'enfance. Non, Sire, les princes naissent d'ordinaire vertueux et avec des inclinations dignes de leur sang : la naissance nous les donne tels qu'ils devraient être ; l'adulation toute seule les fait tels qu'ils sont.

Gâtés par les louanges, on n'oserait plus leur parler le langage de la vérité. Eux seuls ignorent dans leur État ce qu'eux seuls devraient connaître. Ils envoient des ministres[35] pour être informés de ce qui se passe de plus secret dans les cours et dans les royaumes les plus éloignés, et personne n'oserait leur apprendre ce qui se passe dans leur royaume propre. Les discours flatteurs assiègent leur trône, s'emparent de toutes les avenues et ne laisse plus d'accès à la vérité. Ainsi le souverain est

---

32 Mardochée, personnage central du livre d'Esther, oncle et tuteur d'Esther.

33 Le pronom relatif « qui » se rapporte à « la majesté ».

34 *Outré* : excessif.

35 *Des ministres* : des ambassadeurs.

seul étranger au milieu de ses peuples : il croit manier les ressorts les plus secrets de l'empire, et il en ignore les événements les plus publics ; on lui cache ses pertes, on lui grossit ses avantages, on lui diminue les misères publiques, on le joue à force de le respecter. Il ne voit plus rien tel qu'il est[36] ; tout lui paraît tel qu'il le souhaite.

Telles sont les tristes suites de l'adulation. Cependant, Sire, c'est là le vice le plus commun des cours et l'écueil des meilleurs princes. À peine le jeune roi Joas[37] eût-il perdu le fidèle pontife Joïada, ce sage tuteur de son enfance et le seul homme par qui la vérité allait encore jusqu'au pied de son trône, que, séduit par les flatteries des courtisans, dit l'Écriture, il se livra à leurs mauvais conseils et à ses propres faiblesses : *delenitus obsequiis eorum, acquievit eis*[38].

C'est l'adulation qui fait d'un bon prince un prince né pour le malheur de son peuple ; c'est elle qui fait du sceptre un joug accablant et qui, à force de louer les faiblesses des rois, rend leurs vertus mêmes méprisables.

Oui, Sire, quiconque flatte ses maîtres les trahit. La perfidie qui les trompe est aussi criminelle que celle qui les détrône : la vérité est le premier hommage qu'on leur doit. Il n'y a pas loin de la mauvaise foi du flatteur à celle du rebelle : on ne tient plus à l'honneur et au devoir dès qu'on ne tient plus à la vérité, qui seule honore l'homme, et qui est la base de tous les devoirs. La même infamie qui punit la perfidie et la révolte devrait être destinée à l'adulation : la sûreté publique doit suppléer aux lois, qui ont omis de la compter parmi les grands crimes auxquelles elles décernent des supplices, car il est aussi criminel d'attenter à la bonne foi des princes qu'à leur personne sacrée, de manquer à leur égard de vérité, que de manquer de fidélité, puisque l'ennemi qui veut nous perdre est encore moins à craindre que l'adulateur qui ne cherche qu'à nous plaire.

---

36 *Tel qu'il est* : tel que c'est. En langue classique, « il » peut fonctionner comme représentant d'un pronom indéfini de référent neutre (ici, « rien »).

37 Selon la source biblique (2 R et 2 Ch), Joas, fils d'Ochozias, fut roi de Juda de – 870 à – 831 av. J.-C. Ayant échappé au massacre de sa famille ordonné par Athalie, il fut élevé par le Grand Prêtre Joïada (Joad) et son épouse Josabeth et il fut reconnu roi à l'âge de sept ans (voir le récit qu'en fait Racine dans *Athalie*). Après la mort de Joïada, Joas se détourna de ses devoirs religieux, dut affronter l'armée d'Aram et fut assassiné par des proches.

38 2 Ch 24, 17 : « Ce prince gagné par ces témoignages extraordinaires de respect, consentit à ce qu'ils voulurent. »

Mais l'adulation la plus dangereuse est dans la bouche de ceux qui, par la sainteté de leur caractère, sont établis les ministres de la vérité[39]. Allez, dit le Seigneur à l'esprit de mensonge ; entrez dans la bouche des prophètes du roi Achab[40] ; vous réussirez, vous le tromperez, et sa séduction est inévitable : *decipies, et praevalebis*[41]. Hélas ! si l'adulation a tant de charmes lors même que les vices et les dissolutions du flatteur en affaiblissent l'autorité et la rendent suspecte, quelle séduction ne forme-t-elle point lorsqu'elle est consacrée par les apparences mêmes de la vertu ! Quel avilissement pour nous, si nous faisons du ministère même de la vérité un ministère d'adulation et de mensonge ; si, dans ces chaires mêmes destinées à instruire et à corriger les grands, nous leur donnons de fausses louanges qui achèvent de les séduire ; si le seul canal par où la vérité peut encore aller jusqu'à eux n'y porte qu'une lueur trompeuse qui leur aide à se méconnaître[42] ; si nous empruntons le langage flatteur et rampant des cours, en venant leur annoncer la parole généreuse[43] et sublime du Seigneur ; et si, loin d'être ici les maîtres et les docteurs[44] des rois, nous ne sommes que les vils esclaves de la vanité et de la fortune ! Mais quel malheur pour les grands de trouver d'indignes apologistes de leurs vices parmi ceux qui en auraient dû être les censeurs, d'entendre autour de leur trône les ministres et les interprètes de la religion parler comme le courtisan et de trouver des adulateurs où ils auraient dû trouver des Ambroise[45] !

Ô vous, Sire, que Dieu a établi pour commander aux hommes, n'aimez dans les hommes que la vérité : elle seule les rend aimables. Fermez l'oreille aux discours qui vous flattent : le flatteur hait votre personne, il

39 Périphrase désignant les prêtres. Massillon vise sans doute plus précisément les jésuites proches de la cour, et en particulier Michel Le Tellier (1643-1719), confesseur de Louis XIV, que Saint-Simon décrit en adversaire acharné de Port-Royal.

40 Voir 1 R 22, 18-23. Achab, roi d'Israël de – 918 à – 896 av. J.-C., était connu pour son impiété.

41 1 R 22, 22 : « Le Seigneur lui dit : Vous le séduirez, et vous aurez l'avantage sur lui. »

42 *Qui leur aide à se méconnaître* : en langue classique, le verbe « aider » peut se construire avec un complément direct comme en français moderne (« aider quelqu'un »), ou bien avec un complément indirect (« aider à quelqu'un »). Dans les deux cas, peut s'ajouter un deuxième complément, indirect : qui aide aux grands à se méconnaître.

43 *Généreux* : noble.

44 *Docteur* : celui qui transmet sa sagesse, son savoir, en particulier en matière de théologie.

45 Saint Ambroise (340-397), évêque de Milan ; il fait partie des Pères de l'Église. Il excommunia l'empereur Théodose, responsable d'un massacre à Thessalonique (390). Celui-ci dut faire pénitence publique pour qu'Ambroise acceptât de lever l'excommunication.

n'aime que vos faveurs. Écoutez les louanges qui nous prêtent de fausses vertus comme des reproches publics de nos vices véritables. Souvenez-vous que l'amour des peuples est l'éloge le moins suspect du souverain : les bons et les mauvais princes ont été également loués pendant leur vie. Il semble même que les basses flatteries ont été encore plus prodiguées à ces derniers : la haine publique se cache d'ordinaire sous l'adulation. Sire, rendez-vous digne d'être loué, et vous mépriserez les louanges.

TROISIÈME PARTIE

L'adulation ferme donc le cœur à la vérité, mais l'ambition est bientôt le triste fruit de l'aveuglement où jette l'adulation et achève de creuser le précipice. C'est le dernier piège que le démon tend aujourd'hui à Jésus-Christ : « Je vous donnerai les royaumes du monde et toute leur gloire[46]. »

Oui, Sire, c'est l'adulation qui mène toujours les grands à la gloire insensée et mal entendue de l'ambition ; et ce désir insensé de gloire, où ne mène-t-il point un cœur qui s'y livre !

Cette passion infortunée rend d'abord malheureux l'ambitieux qu'elle possède ; elle l'avilit ensuite et le dégrade ; enfin, elle la conduit à une fausse gloire par des moyens injustes qui lui font perdre la gloire véritable : tels sont les caractères honteux de l'ambition, de ce vice dont le monde honore ses héros, et dont ils s'honorent si fort eux-mêmes.

Ce n'est pas que je prétende autoriser dans les grands, non plus que dans le reste des hommes, une vie molle et obscure, des sentiments bas, et, sous prétexte de blâmer l'ambition, consacrer l'oisiveté et l'indolence.

Je sais qu'il y a une noble émulation qui mène à la gloire par le devoir ; la naissance nous l'inspire, et la religion l'autorise ; c'est elle qui donne aux empires des citoyens illustres, des ministres sages et laborieux, de vaillants généraux, des auteurs célèbres, des princes dignes des louanges de la postérité. La piété véritable n'est pas une profession de pusillanimité et de paresse : la religion n'abat et n'amollit point le cœur, elle l'ennoblit et l'élève ; elle seule sait former de grands hommes ; on est

46 Dans ce passage, « gloire » est employé avec une valeur péjorative et désigne la recherche excessive d'éclat, l'orgueil, la vanité.

toujours petit quand on n'est grand que par la vanité. Ainsi la mollesse et l'oisiveté blessent également les règles de la piété et les devoirs de la vie civile, et le citoyen inutile n'est pas moins proscrit par l'Évangile que par la société.

Mais l'ambition, ce désir insatiable de s'élever au-dessus et sur les ruines mêmes des autres, ce ver qui pique le cœur et ne le laisse jamais tranquille, cette passion qui est le grand ressort des intrigues et de toutes les agitations des cours, qui forme les révolutions des États, et qui donne tous les jours à l'univers de nouveaux spectacles ; cette passion qui ose tout, et à laquelle rien ne coûte, est un vice encore plus pernicieux aux empires que la paresse même.

Déjà il rend malheureux celui qui en est possédé : l'ambitieux ne jouit de rien ; ni de sa gloire, il la trouve obscure ; ni de ses places, il veut monter plus haut ; ni de sa prospérité, il sèche et dépérit au milieu de son abondance ; ni des hommages qu'on lui rend, ils sont empoisonnés par ceux qu'il est obligé de rendre lui-même ; ni de sa faveur, elle devient amère dès qu'il faut la partager avec ses concurrents ; ni de son repos, il est malheureux à mesure qu'il est obligé d'être plus tranquille. C'est un Aman[47], l'objet souvent des désirs et de l'envie publique, et qu'un seul honneur refusé à son excessive autorité rend insupportable à lui-même.

L'ambition le rend donc malheureux ; mais, de plus, elle l'avilit et le dégrade. Que de bassesses pour parvenir ! Il faut paraitre, non pas tel qu'on est, mais tel qu'on nous souhaite. Bassesse d'adulation : on encense et on adore l'idole qu'on méprise. Bassesse de lâcheté : il faut savoir essuyer des dégoûts, dévorer des rebuts et les recevoir presque comme des grâces. Bassesse de dissimulation : point de sentiments à soi, et ne penser que d'après les autres. Bassesse de dérèglement : devenir les complices, et peut-être les ministres des passions de ceux de qui nous dépendons, et entrer en part[48] de leurs désordres pour participer plus sûrement à leurs grâces. Enfin, bassesse même d'hypocrisie : emprunter quelquefois les apparences de la piété, jouer l'homme de bien pour parvenir, et faire servir à l'ambition la religion même qui la condamne. Ce n'est point là une peinture[49] imaginée ; ce sont les mœurs des cours, et l'histoire de la plupart de ceux qui y vivent.

---

47 Voir dans ce sermon, note 29.

48 *Entrer en part* : partager.

49 *Peinture* : en rhétorique, représentation frappante, en particulier d'un sujet moral.

Qu'on nous dise après cela que c'est le vice des grandes âmes : c'est le caractère d'un cœur lâche et rampant ; c'est le trait le plus marqué d'une âme vile. Le devoir tout seul peut nous mener à la gloire : celle qu'on doit aux bassesses et aux intrigues de l'ambition porte toujours avec elle un caractère de honte qui nous déshonore ; elle ne promet les royaumes du monde et toute leur gloire qu'à ceux qui se prosternent devant l'iniquité et qui se dégradent honteusement eux-mêmes : *si cadens adoraveris me*[50]. On reproche toujours vos bassesses à votre élévation ; vos places rappellent sans cesse les avilissements qui les ont méritées ; et les titres de vos honneurs et de vos dignités deviennent eux-mêmes les traits publics de votre ignominie. Mais, dans l'esprit de l'ambitieux, le succès couvre la honte des moyens[51] ; il veut parvenir, et tout ce qui le mène là est la seule gloire qu'il cherche ; il regarde ces vertus romaines[52], qui ne veulent rien devoir qu'à la probité, à l'honneur et aux services, comme des vertus de romans et de théâtre et croit que l'élévation des sentiments pouvait faire autrefois les héros de la gloire, mais que c'est la bassesse et l'avilissement qui fait aujourd'hui ceux de la fortune.

Aussi l'injustice de cette passion en est un dernier trait encore plus odieux que ses inquiétudes et sa honte. Oui, mes frères, un ambitieux ne connaît de loi que celle qui le favorise ; le crime qui l'élève est pour lui comme une vertu qui l'ennoblit. Ami infidèle, l'amitié n'est plus rien pour lui dès qu'elle intéresse sa fortune ; mauvais citoyen, la vérité ne lui paraît estimable qu'autant qu'elle lui est utile. Le mérite qui entre en concurrence avec lui est un ennemi auquel il ne pardonne point : l'intérêt public cède toujours à son intérêt propre ; il éloigne des sujets capables et se substitue à leur place ; il sacrifie à ses jalousies le statut de l'État ; et il verrait avec moins de regrets les affaires publiques périrent entre ses mains, que sauvées par les soins et par les lumières d'un autre.

Telle est l'ambition dans la plupart des hommes : inquiète, honteuse, injuste. Mais, Sire, si ce poison gagne et infecte le cœur du prince ; si le souverain, oubliant qu'il est le protecteur de la tranquillité publique, préfère sa propre gloire à l'amour et au salut de ses peuples ; s'il aime mieux conquérir des provinces que régner sur les cœurs ; s'il lui paraît

50 Mt 4, 9 : « Il lui dit : je vous donnerai toutes ces choses, si en vous prosternant devant moi vous m'adorez. »

51 Comprendre : la réussite fait disparaître la bassesse des moyens employés pour y parvenir.

52 Les vertus traditionnellement exaltées par la Rome antique, en particulier *virtus*, *fides*, *pietas* (force, intégrité et sens du devoir).

plus glorieux d'être le destructeur de ses voisins que le père de son peuple ; si le deuil et la désolation de ses sujets est le seul chant de joie qui accompagne ses victoires ; s'il fait servir à lui seul une puissance qui ne lui est donnée que pour rendre heureux ceux qu'il gouverne ; en un mot, s'il n'est roi que pour le malheur des hommes, et que, comme ce roi de Babylone[53], il ne veuille élever la statue impie, l'idole de sa grandeur, que sur les larmes et les débris des peuples et des nations : grand Dieu, quel fléau pour la terre ! Quel présent faites-vous aux hommes dans votre colère en leur donnant un tel maître !

Sa gloire, Sire, sera toujours souillée de sang : quelque insensé chantera peut-être ses victoires, mais les provinces, les villes, les campagnes en pleureront. On lui dressera des monuments superbes pour immortaliser ses conquêtes, mais les cendres encore fumantes de tant de villes autrefois florissantes, mais la désolation de tant de campagnes dépouillées de leur ancienne beauté, mais les ruines de tant de murs sous lesquelles des citoyens paisibles ont été ensevelis, mais tant de calamités qui subsisteront après lui seront des monuments lugubres qui immortaliseront sa vanité et sa folie. Il aura passé comme un torrent pour ravager la terre, et non comme un fleuve majestueux pour y porter la joie et l'abondance ; son nom sera écrit dans les annales de la postérité parmi les conquérants, mais il ne le sera pas parmi les bons rois et l'on ne rappellera l'histoire de son règne que pour rappeler le souvenir des maux qu'il a faits aux hommes. Ainsi son orgueil, dit l'esprit de Dieu[54], sera monté jusqu'au ciel ; sa tête aura touché dans les nuées ; ses succès auront égalé ses désirs ; et tout cet amas de gloire ne sera plus à la fin qu'un monceau de boue qui ne laissera après elle que l'infection[55] et l'opprobre.

Grand Dieu, vous qui êtes le protecteur de l'enfance des rois, et surtout des rois pupilles, éloignez tous ces pièges de l'enfant précieux que vous nous avez laissé dans votre miséricorde. Il peut vous dire, comme autrefois un roi selon votre cœur[56] : « *Mon père et ma mère m'ont*

---

53 Nabuchodonosor, roi de Babylone de – 605 à – 652 av. J.-C., régna sur un immense empire. Il s'empara notamment de Jérusalem et du royaume de Juda, et ordonna la déportation des Hébreux à Babylone. D'après la Bible, il voulut être adoré comme un dieu et se fit faire une statue d'or, mais il subit la punition divine en devenant semblable à un bœuf, jusqu'à ce qu'il fît acte de pénitence.

54 Reprise du livre de Job 20, 6-7 : « Quand son orgueil s'élèverait jusqu'au ciel, et que sa tête toucherait les nues ; il périra à la fin, et il sera rejeté comme un fumier ».

55 *Infection* : corruption, souillure.

56 Le roi David, considéré comme l'auteur des psaumes.

abandonné[57]. À peine avais-je les yeux ouverts à la lumière, qu'une mort prématurée les ferma en même temps à Adélaïde qui m'avait porté dans son sein, et dont les traits aimables et majestueux sont encore peints sur mon visage, et au prince pieux de qui je tiens la vie, et dont les sentiments religieux seront toujours gravés dans mon cœur : *pater meus et mater mea dereliquerunt me.* Mais vous, Seigneur, qui êtes le père des rois et le Dieu de mes pères, vous m'avez pris sous votre protection et mis à couvert sous l'ombre de vos ailes[58] et de votre bonté paternelle : *Dominus autem assumpsit me.* »

Grand Dieu, gardez donc[b] son innocence comme un trésor encore plus estimable que sa couronne ; faites-la croître avec son âge, prenez son cœur entre vos mains, et que le feu impur de la volupté ne profane jamais un sanctuaire que vous vous êtes réservé depuis tant de siècles : *custodi innocentiam*[59].

Voyez ces semences de droiture et de vérité que vous avez jetées dans son âme, cet esprit de justice et d'équité qui se développe de jour en jour et qui paraît être né avec lui, cette aversion naissante pour les artifices et les fausses louanges du flatteur, et ne permettez pas que l'adulation corrompe jamais ces présages heureux de notre félicité future : *et vide aequitatem*[60].

Qu'il règne pour notre bonheur, et il régnera pour sa gloire. Que son unique ambition soit de rendre ses sujets heureux ; que son titre le plus chéri soit celui de roi bienfaisant et pacifique : il ne sera grand qu'autant qu'il sera cher à son peuple. Qu'il soit le modèle de tous les bons rois et que ce prince pacifique puisse laisser encore après lui des princes qui lui ressemblent : *quoniam sunt reliquiæ homini pacifico*[61]. Recevez ces vœux, ô mon Dieu, et qu'ils soient pour nous les gages de la tranquillité de la vie présente et l'espérance de la future ! Ainsi soit-il.

---

57 Ps 27 (26), 10 : « *Pater meus et mater mea dereliquerunt me ; Dominus autem assumpsit me* » : « Car mon père et ma mère m'ont quitté : mais le Seigneur s'est chargé de moi pour en prendre soin ».

58 Expression biblique, notamment dans les psaumes (par exemple 17 (16) 8 ; 91 (90), 4).

59 Ps 37 (36), 37 : « Gardez l'innocence ».

60 Ps 37 (36), 37 : « n'ayez en vue que l'équité ».

61 Ps 37 (36), 37 : « parce que plusieurs biens resteront à l'homme pacifique après sa mort ».

SERMON POUR LE SECOND DIMANCHE DE CARÊME

Sur le respect que les grands doivent à la religion

Et ecce apparuerunt illis Moyses et Elias cum Jesu loquentes.
« En même temps ils virent paroître Moïse et Élie qui s'entretenaient avec Jésus. »
(Mt 17, 3)

Sire,

Ce sont les deux plus grands hommes qui eussent encore paru sur la terre qui viennent aujourd'hui sur la montagne sainte rendre hommage à la gloire et à la grandeur de Jésus-Christ[1] :

Moïse, ce dieu de Pharaon, ce législateur des peuples, ce vainqueur des rois, ce maître de la nature, et plus grand encore par le titre de serviteur fidèle de la maison du Seigneur[2] ;

---

1 Voir Mt 17, 1-3 : « Six jours après, Jésus ayant pris avec lui Pierre, Jacques, et Jean, son frère, les mena à l'écart sur une haute montagne, et il fut transfiguré devant eux : son visage devint brillant comme le soleil, et ses vêtements blancs comme la neige. En même temps, ils virent paraître Moïse et Élie, qui s'entretenaient avec lui. »

2 La série des dénominations retrace les missions divines accomplies par Moïse. Pour « ce Dieu de Pharaon », voir Ex 7, 1 : « Alors le Seigneur dit à Moïse : Je vous ai établi le Dieu de Pharaon ». Pour « ce législateur des peuples », voir Ex 24, 12 : « Or le Seigneur dit à Moïse : Montez au haut de la montagne où je suis, et vous y demeurerez : je vous donnerai des tables de pierre, et la loi et les commandements que j'ai écrits dessus, afin que vous en instruisiez le peuple. » Les expressions « ce vainqueur des rois, ce maître de la nature » font allusion à la victoire de Moïse sur Pharaon lorque Dieu fit traverser à pied sec la mer Rouge aux Hébreux mais engloutit sous les eaux Pharaon et son armée. Ce passage peut avoir été inspiré à Massillon par ce qu'écrit Lemaistre de Sacy dans sa préface au livre de la Genèse (*Moïse auteur de la Genèse. Autorité de Moïse confirmée par ses miracles*) : « enfin pour dire tout en un mot, maître et arbitre de la nature, interprète du ciel, vainqueur des Rois, *Dieu de Pharaon* ».

Élie, cet homme miraculeux, la terreur des princes impies, qui pouvait faire descendre le feu du ciel, ou s'y élever lui-même sur un char de gloire et de lumière, et plus célèbre encore par le zèle saint qui le dévorait que par toutes les merveilles qui accompagnèrent sa vie[3].

Cependant l'un et l'autre n'avaient été grands que parce qu'ils avaient été les images de Jésus-Christ. Ils viennent donc adorer celui qu'ils avaient figuré[4] et rendre à ce divin original la puissance et la gloire qui appartiennent à lui seul, et dont ils n'avaient été eux-mêmes que comme les précurseurs et les dépositaires.

Telle est, Sire, la destinée des princes et des grands de la terre[5]. Ils ne sont grands que parce qu'ils sont les images de la gloire du Seigneur et les dépositaires de sa puissance. Ils doivent donc soutenir les intérêts de Dieu, dont ils représentent la majesté, et respecter la religion, qui seule les rend eux-mêmes respectables.

Je dis la respecter : elle exige d'eux un respect de fidélité, figuré par Moïse, qui leur en fasse observer les maximes ; et un respect de zèle, représenté dans Élie, qui les rende protecteurs de sa doctrine et de sa vérité.

Fidèles dans l'observance de ses maximes[6] ; zélés dans la défense de sa doctrine et de sa vérité. AVE MARIA[7].

---

3 Le prophète Élie (1 R 17-21 et 2 R 1-2) accomplit de nombreux miracles. Dieu l'envoie auprès d'Akhab, roi d'Israël, afin que celui-ci abandonne le culte de Baal et revienne à la vraie foi. C'est par un feu venu du ciel qu'Élie parvient à convertir les Hébreux, avant d'égorger les prêtres de Baal. Élie ne meurt pas mais Dieu l'enlève au ciel sur un char de feu.

4 Massillon insiste sur une relecture de l'Ancien Testament centrée sur Jésus-Christ. Moïse et Élie « figurent » c'est-à-dire préfigurent le Christ, avec une double valeur sémantique pour ce terme. Comme « précurseurs », ils annoncent et préparent la venue de Jésus, plusieurs siècles à l'avance. Cependant, il ne s'agit pas seulement d'une chronologie de l'histoire sainte mais de la portée théologique chrétienne accordée à ces deux grandes figures : ils ont été les « images » de Jésus-Christ, qui est lui le « divin original ».

5 L'argumentation de Massillon repose sur un parallèle présenté comme une évidence, entre d'une part les prophètes et d'autre part les princes et les grands.

6 L'observance de ses maximes : le respect scrupuleux de ses lois.

7 « Ave Maria » ne figure pas au manuscrit, ni pour ce sermon, ni pour les suivants.

PREMIÈRE PARTIE

Sire,

Être né grand et vivre en chrétien, n'ont rien d'incompatible, ni dans les fonctions de l'autorité, ni dans les devoirs de la religion ; ce serait dégrader l'Évangile et adopter les anciens blasphèmes de ses ennemis[8], de le regarder comme la religion du peuple et une secte de gens obscurs.

Il est vrai que les Césars et les puissants selon le siècle ne crurent pas d'abord en Jésus-Christ, mais ce n'est pas que sa doctrine réprouvât leur état. Elle ne réprouvait que leurs vices : il fallait même montrer au monde que la puissance de Dieu n'avait pas besoin de celle des hommes ; que le crédit et l'autorité du siècle était inutile à une doctrine descendue du ciel ; qu'elle se suffisait à elle-même pour s'établir dans l'univers ; que toutes les puissances du siècle, en se déclarant contre elle et en la persécutant, devaient l'affermir ; et que si elle n'eût pas eu d'abord les grands pour ennemis, elle eût manqué du principal caractère qui les rendit ensuite ses disciples.

La loi de l'Évangile est donc la loi de tous les États. Plus même la naissance nous élève au-dessus des autres hommes, plus la religion nous fournit des motifs de fidélité envers Dieu. Je dis des motifs de reconnaissance et de justice.

Oui, mes frères, ce n'est pas le hasard qui vous a fait naître grands et puissants. Dieu, dès le commencement des siècles, vous avait destiné cette gloire temporelle, marqués[9] du sceau de sa grandeur et séparés de la foule par l'éclat des titres et des distinctions humaines. Que lui aviez-vous fait, pour être ainsi préférés au reste des hommes et à tant d'infortunés surtout qui ne se nourrissent que d'un pain de larmes[10] et d'amertume ? Ne sont-ils pas, comme vous, l'ouvrage de ses mains et

---

8 Allusion aux représentations des chrétiens par les Romains notamment chez Suétone (*Vies des douze Césars*, « Vie de Néron », XVI, 2) et chez Pline le Jeune (Lettre à Trajan X, 97), les montrant comme des gens du peuple et des esclaves.

9 Massillon ne répète pas « vous avait » devant « marqués » et « séparés », bien que la construction des formes verbales soit distincte de celle de « avait destiné ».

10 Expression biblique : Ps 80 (79), v. 6.

rachetés du même prix[11] ? N'êtes-vous pas sortis de la même boue[12] ? N'êtes-vous pas peut-être chargés de plus de crimes ? Le sang dont vous êtes issus, quoique plus illustre aux yeux des hommes, ne coule-t-il pas de la même source empoisonnée qui a infecté tout le genre humain[13] ? Vous avez reçu de la nature un nom plus glorieux, mais en avez-vous reçu une âme d'une autre espèce et destinée à un autre royaume éternel que celle des hommes les plus vulgaires ? Qu'avez-vous au-dessus d'eux devant celui qui ne connaît de titres et de distinctions dans ses créatures que les dons de sa grâce ? Cependant Dieu, leur père comme le vôtre, les livre au travail[14], à la peine, à la misère et à l'affliction ; et il ne réserve pour vous que la joie, le repos, l'éclat et l'opulence. Ils naissent pour souffrir, pour porter le poids du jour et de la chaleur[15], pour fournir de leurs peines et de leurs sueurs à vos plaisirs et à vos profusions[16], pour traîner, si j'ose parler ainsi, comme de vils animaux, le char de votre grandeur et de votre indolence. Cette distance énorme que Dieu laisse entre eux et vous a-t-elle jamais été seulement l'objet de vos réflexions, loin de l'être de votre reconnaissance ? Vous vous êtes trouvés, en naissant, en possession de tous ces avantages, et, sans remonter au souverain dispensateur des choses humaines, vous avez cru qu'ils vous étaient dus, parce que vous en aviez toujours joui. Hélas ! vous exigez de vos créatures une reconnaissance si vive, si marquée, si soutenue, un assujettissement si déclaré de ceux qui vous sont redevables de quelques faveurs ; ils ne sauraient sans crime oublier un instant ce qu'ils vous doivent ; vos bienfaits vous donnent sur eux un droit qui vous les assujettit pour toujours. Mesurez là-dessus ce que vous devez au Seigneur, le bienfaiteur de vos pères et de toute votre race. Quoi ! vos faveurs vous font des esclaves, et les bienfaits de Dieu ne lui feraient que des ingrats et des rebelles !

---

11 Thème de la rédemption : la mort de Jésus-Christ rachète tous les pécheurs.

12 Allusion à la création d'Adam : Gn 2, 7 : « Le Seigneur Dieu forma donc l'homme du limon de la terre, il répandit sur son visage un souffle de vie, et l'homme devint vivant et animé ».

13 Allusion au péché originel, qui a « infecté tout le genre humain », c'est-à-dire qui l'a corrompu.

14 *Travail* : souffrance, torture. Massillon emploie par ailleurs « travail » et « travailler » dans leur sens moderne.

15 Référence évangélique à la parabole des ouvriers de la onzième heure : Mt 20, 12 : « Ces derniers n'ont travaillé qu'une heure, et vous les rendez égaux à nous, qui avons porté le poids du jour et de la chaleur ».

16 *Profusions* : emploi au pluriel d'un nom généralement singulier, pour désigner des dépenses excessives.

Ainsi, mes frères, plus vous avez reçu de lui, plus il attend de vous. Mais, hélas ! cette loi de reconnaissance que tout ce qui vous environne vous annonce, et qui devrait être, pour ainsi dire, écrite sur les portes et sur les murs de vos palais, sur vos terres et sur vos titres, sur l'éclat de vos dignités et de vos vêtements[17], n'est point encore même écrite dans votre cœur ! Dieu reprendra ses propres dons, mes frères, puisque, loin de lui en rendre la gloire qui lui est due, vous les tournez contre lui-même : ils ne passeront point à votre postérité ; il transportera cette gloire à une race plus fidèle. Vos descendants expieront peut-être dans la peine et dans la calamité le crime de votre ingratitude, et les débris de votre élévation seront comme un monument éternel, où le doigt de Dieu écrira jusqu'à la fin l'usage injuste que vous en avez fait.

Que dis-je, il multipliera peut-être ses dons ; il vous accablera de nouveaux bienfaits ; il vous élèvera encore plus haut que vos ancêtres. Mais il vous favorisera dans sa colère ; ses bienfaits seront des châtiments, votre prospérité consommera[18] votre aveuglement et votre orgueil ; ce nouvel éclat ne sera qu'un nouvel attrait pour vos passions ; et l'accroissement de votre fortune verra croître dans le même degré vos dissolutions, votre irréligion et votre impénitence.

C'est donc une erreur, mes frères, de regarder la naissance et le rang comme un privilège qui diminue et adoucit à votre égard vos devoirs envers Dieu et les règles sévères de l'Évangile. Au contraire, il exigera plus de ceux à qui il aura plus donné[19] ; ses bienfaits deviendront la mesure de vos devoirs ; et comme il vous a distingués des autres hommes par des largesses plus abondantes, il demande que vous vous en distinguiez aussi par une plus grande fidélité. Mais, outre la reconnaissance qui vous y engage, plus tout allume les passions dans votre état, plus vous avez besoin de vigilance pour vous en défendre. Il faut aux grands de grandes vertus : la prospérité est comme une persécution continuelle contre la foi ; et si vous n'avez pas toute la

---

17 Reprise d'un sermon de saint Jean Chrysostome : « Nous ne pouvons donc nous lasser de répéter sans cesse cette parole de l'Esprit saint : *Vanité des vanités, tout est vanité.* Cette parole, il faut l'écrire partout, sur nos murailles, sur nos vêtements, sur les places, sur nos maisons, sur les chemins, sur nos portes, dans nos vestibules, et surtout gravons-la dans nos cœurs, pour la méditer éternellement. » (« Homélie en faveur d'Europe », trad. E. Sommer, Paris, Hachette, 1889).

18 *Consommera* : accomplira.

19 Référence évangélique à la parabole des talents : Mt 25, 14-30.

force et le courage des saints, vous aurez bientôt plus de vices et de faiblesses que le reste des hommes.

Mais, d'ailleurs, sur quoi[20] prétendez-vous que Dieu doit se relâcher en votre faveur[21] et exiger moins de vous que du commun des fidèles ? Avez-vous moins de plaisirs à expier ? Votre innocence est-elle le titre qui vous donne droit à son indulgence ? Vous êtes-vous moins livrés aux désirs de la chair, pour vous croire plus dispensés des violences qui la mortifient et la punissent ? Votre élévation a multiplié vos crimes, et elle adoucirait votre pénitence ! Vos excès vous distinguent encore plus du peuple que votre rang, et vous prétendriez trouver là-dessus dans la religion des exceptions qui vous fussent favorables !

Quelle idée de la divinité avons-nous, mes frères ! Quel Dieu de chair et de sang nous formons-nous[22] ! Quoi ! dans ce jour terrible[23] où Dieu seul sera grand, où le roi et l'esclave seront confondus, où les œuvres seules seront pesées, Dieu n'exercerait que des jugements favorables envers ces hommes que nous appelons grands ! Ces hommes qu'il avait comblés de biens, qui avaient été les heureux de la terre, qui s'étaient fait ici-bas une injuste félicité, et qui, oubliant presque tous l'auteur de leur prospérité, n'avaient vécu que pour eux-mêmes ! Et il s'armerait alors de toute sa sévérité contre le pauvre qu'il avait toujours affligé ! Et il réserverait toute la rigueur de ses jugements pour des infortunés qui n'avaient passé que des jours de deuil et des nuits laborieuses sur la terre, et qui souvent l'avaient béni dans leur affliction, et invoqué dans leur délaissement et leur amertume ! Vous êtes juste, Seigneur, et vous jugements seront équitables.

Mais, Sire, quand ces motifs de justice et de reconnaissance n'engageraient pas les grands à la fidélité qu'ils doivent par tant de titres à Dieu, que de motifs n'en trouvent-ils pas encore en eux-mêmes !

N'est-ce pas, en effet, la sagesse et la crainte de Dieu toute seule qui peut rendre les princes et les grands plus aimables aux peuples ? C'est par elle, disait autrefois un jeune roi[24], que je deviendrai illustre parmi les nations ; que les vieillards respecteront ma jeunesse ; que les princes qui sont autour de mon trône baisseront par respect les yeux devant moi ;

20 *Sur quoi* : d'après quels motifs.
21 Comprendre : que Dieu doit se montrer moins sévère à votre égard.
22 Comprendre : quel Dieu semblable aux hommes nous imaginons-nous !
23 Allusion au Jugement dernier.
24 Le roi Salomon. Il est considéré comme l'auteur de plusieurs livres bibliques, parmi lesquels le livre de la Sagesse.

que les rois voisins, quelque redoutables qu'ils soient, me craindront ; que je serai aimé dans la paix et redouté dans la guerre : *per hanc timebunt me reges horrendi ; in multitudine videbor bonus et in bello fortis*[25]. C'est par elle que mon règne sera agréable à votre peuple, ô mon Dieu, que je le gouvernerai justement et que je serai digne du trône de mes pères : *per hanc disponam populum tuum juste, et ero dignus sedium patris mei*[26].

Non, Sire, ce ne sera ni la force de vos armées, ni l'étendue de votre empire, ni la magnificence de votre cour, qui vous rendront cher à vos peuples ; ce seront les vertus qui font les bons rois, la justice, l'humanité, la crainte de Dieu. Vous êtes un grand roi par votre naissance, mais vous ne pouvez être un roi cher à vos peuples que par vos vertus. Les passions qui nous éloignent de Dieu nous rendent toujours injustes et odieux aux hommes : les peuples souffrent toujours des vices du souverain. Tout ce qui outre[27] l'autorité l'affaiblit et la dégrade : les princes dominés par les passions sont toujours des maîtres incommodes et bizarres[28] ; le gouvernement n'a plus de règle quand le maître lui-même n'en a point. Ce n'est plus la sagesse et l'intérêt public qui président aux conseils, c'est l'intérêt des passions. Le caprice et le goût[29] forment les décisions que devait dicter l'amour de l'ordre et le plaisir devient le grand ressort de toute la prudence[30] de l'empire. Oui, Sire, la sagesse et la piété du souverain toute seule peut faire le bonheur des sujets, et le roi qui craint Dieu est toujours cher à son peuple.

Mais si la crainte de Dieu rend dans les princes et les grands l'autorité aimable, c'est encore elle, Sire qui la rend glorieuse. Tous les biens et tous les succès, disait encore un sage roi, me sont venus avec elle, et c'est par elle que l'honneur et la gloire m'ont toujours accompagné : *et innumerabilis honestas per manus illius*[31]. Dieu ne prend pas sous sa protection ceux qui ne vivent pas sous ses ordres.

Je sais que l'impie[32] prospère quelquefois, qu'il paraît élevé comme le cèdre du Liban et qu'il semble insulter le ciel par une gloire orgueilleuse

---

25 Sg 8, 13 ; 15.
26 Sg 9, 12.
27 *Outrer* : porter au-delà du raisonnable.
28 *Bizarre* : capricieux.
29 Les deux termes sont ici quasiment synonymes.
30 *Prudence* : ici, le gouvernement.
31 Sg 7, 11.
32 Paraphrase du Ps 37 (36), 35-36 : « J'ai vu l'impie extrêmement élevé, et qui égalait en hauteur les cèdres du Liban. Mais j'ai passé, et dans le moment il n'était plus ; je l'ai cherché, et l'on n'a pu trouver le lieu où il était. »

qu'il ne croit tenir que de lui-même. Mais attendez, son élévation va lui creuser elle-même son précipice : la main du Seigneur l'arrachera bientôt de dessus la terre. La fin de l'impie est presque toujours sans honneur ; tôt ou tard il faut enfin que cet édifice d'orgueil et d'injustice s'écroule. La honte et les malheurs vont succéder ici-bas à la gloire de ses succès : on le verra peut-être traîner une vieillesse triste et déshonorée ; il finira par l'ignominie. Dieu aura son tour et la gloire de l'homme injuste ne descendra pas avec lui dans le tombeau[33].

Repassez[34] sur les siècles qui nous ont précédés, comme disait autrefois un prince juif[35] à ses enfants, *cogitate generationes singulas*[36], et vous verrez que le Seigneur a toujours soufflé sur les races orgueilleuses et en a fait sécher la racine ; que la prospérité des impies n'a jamais passé à leurs descendants ; que les trônes eux-mêmes, et les successions royales, ont manqué[37] sous des princes fainéants et efféminés[38] ; et que l'histoire des crimes et des excès des grands est en même temps l'histoire de leurs malheurs et de leur décadence.

Mais enfin, Sire, en quoi les princes et les grands sont moins excusables lorsqu'ils abandonnent Dieu, c'est que d'ordinaire ils naissent avec des inclinations plus nobles et plus heureuses pour la vertu que le peuple.

J'étais encore enfant, disait le roi Salomon, mais je me trouvais déjà les lumières d'un âge avancé ; et je sentais que je devais à ma naissance une âme bonne et des sentiments plus élevés que ceux des autres hommes : *puer autem eram ingeniosus, et sortibus sum animam bonam*[39].

Le sang, l'éducation, l'histoire des ancêtres, jettent dans le cœur des grands et des princes des semences et comme une tradition naturelle de vertu. Le peuple, livré en naissant à un naturel brut et inculte[40], ne trouve en lui, pour les devoirs sublimes de la foi, que la pesanteur et la bassesse d'une nature laissée à elle-même : les bienséances inséparables du rang, et qui sont comme la première école de la vertu, ne gênent pas ses passions. L'éducation fortifie le vice de la naissance ; les objets

33 Comprendre : la gloire de l'homme injuste ne lui survivra pas.
34 *Repasser* : se remettre en mémoire.
35 Mattathias, dans le premier livre des Maccabées.
36 I M 2, 61 : « Ainsi considérez tout ce qui est s'est passé de race en race ».
37 *Manquer* : faire défaut, faillir.
38 Allusion aux « rois fainéants », derniers descendants de la dynastie des Mérovingiens.
39 Sg 8, 19.
40 *Inculte* : en friche.

vils qui l'environnent lui abattent le cœur et les sentiments ; il ne sent rien au-dessus de ce qu'il est ; né dans les sens[41] et dans la boue[42], il s'élève difficilement au-dessus de lui-même. Il y a dans les maximes de l'Évangile une noblesse et une élévation où les cœurs vils et rampants ne sauraient atteindre : la religion, qui fait les grandes âmes, ne paraît faite que pour elles et il faut être grand, ou le devenir, pour être chrétien.

Je n'ignore pas que la grâce supplée à la nature ; que la chair et le sang ne donnent aucun droit au royaume de Dieu ; que les premiers héros de la foi[43] sortirent d'entre le peuple ; que les vases de boue, entre les mains de l'ouvrier souverain, deviennent bientôt des vases de gloire et de magnificence ; et que tout chrétien est né grand, parce qu'il est né pour le ciel.

Mais une haute naissance nous prépare, pour ainsi dire, aux sentiments nobles et héroïques qu'exige la foi : un sang plus pur s'élève plus aisément ; il en doit moins coûter de vaincre les passions à ceux qui sont nés pour remporter des victoires ; le mensonge et la duplicité entrent plus difficilement dans un cœur à qui la vérité ne saurait nuire, et qui n'a rien à craindre ni à espérer des hommes. L'espérance d'une fortune éclatante ne peut corrompre la probité de ceux qui ne voient plus de fortune au-dessus de la leur et qui tiennent en leurs mains la fortune et la destinée publique. Le respect humain n'intimide et n'arrête pas la vertu des grands, eux que tout le monde fait gloire d'imiter et dont les mœurs deviennent toujours la loi de la multitude. La bassesse de la débauche et de la dissolution trouve moins d'accès dans une âme que la naissance destine à de grandes choses ; la règle et les devoirs sont moins étrangers à ceux qui sont établis pour maintenir l'ordre et la règle parmi les peuples. S'ils sont entourés de plus de pièges, ils trouvent en eux plus de freins et plus de ressources : la nature toute seule a environné leur âme d'une garde d'honneur et de gloire. Enfin, les premiers penchants dans les grands sont pour la vertu et ils dégénèrent dès qu'ils les tournent au vice[44]. Ils doivent donc à la religion un respect de fidélité

---

41 « Sens est quelquefois opposé à la raison, et signifie l'appétit, la partie basse de l'homme. » (Furetière).

42 Le premier emploi de « boue » dans ce sermon renvoyait à la glèbe de la création originelle et rappelait l'origine commune à toute l'humanité, alors que dans ce passage le terme désigne la bassesse propre au peuple.

43 Les disciples de Jésus.

44 Comprendre : les penchants pour la vertu dégénèrent dès que les grands les changent en vice.

qui leur en fasse observer les maximes, mais ils lui doivent encore un respect de zèle qui les rende défenseurs de sa doctrine et de sa vérité.

SECONDE PARTIE

La religion est la fin de tous les desseins de Dieu sur la terre : tout ce qu'il a fait ici-bas, il ne l'a fait que pour elle ; tout doit servir à l'agrandissement de ce royaume de Jésus-Christ[45]. Les vertus et les vices, les grands et le peuple, les bons et les mauvais succès[46], l'abondance[47] ou les calamités publiques, l'élévation ou la décadence des empires, tout enfin dans l'ordre des conseils éternels[48] doit coopérer à la formation et à l'accroissement de cette sainte Jérusalem[49]. Les tyrans l'ont purifiée par les persécutions ; les fidèles la perpétuent par la charité ; les incrédules et les libertins[50] l'éprouvent et l'affermissent par les scandales ; les justes sont les témoins de sa foi ; les pasteurs[51], les dépositaires de sa doctrine ; les princes et les puissants, les protecteurs de sa vérité.

Ce n'est pas assez pour eux d'obéir à ses lois : c'est le devoir de tout fidèle. La majesté de son culte, la sainteté de ses maximes, le dépôt de sa vérité doivent trouver une sûre protection dans leur autorité et dans leur zèle.

Je dis la majesté de son culte. Rien, Sire, n'honore plus la religion que de voir les grands et les princes confondus au pied des autels avec le reste des fidèles, dans les devoirs communs et extérieurs de la foi : c'est à eux à opposer leurs hommages publics et respectueux dans le

---

45 Massillon explicite dans les lignes suivantes ce qu'il faut entendre par l'expression « tout doit servir à l'agrandissement de ce royaume de Jésus-Christ » : le bien et le mal entrent tous deux dans les plans de la divine Providence.

46 *Succès* : issue d'une affaire, qu'elle soit bonne ou mauvaise. Dans les sermons, lorsque le terme n'est pas précisé par un adjectif, il est employé avec un sens mélioratif.

47 *Abondance* : ici, prospérité agricole.

48 *Conseils éternels* : le plan de Dieu.

49 Cette sainte Jérusalem, également appelée la cité de Dieu, fait référence au livre de l'Apocalypse (voir Ap 21, 2 : « Et moi, Jean, je vis descendre du ciel la ville sainte, la nouvelle Jérusalem qui venait de Dieu »).

50 Le terme « libertins » désigne dans le domaine de la religion « ceux qui n'ont pas assez de vénération pour ses mystères, ou d'obéissance pour ses commandements » (Furetière).

51 Les « pasteurs » désignent ici les évêques et éventuellement les prêtres de l'Église catholique.

temple saint aux irrévérences et aux profanations publiques et à venir montrer à la multitude combien il est indécent à des sujets de paraître sans pudeur et sans contrainte au pied du sanctuaire devant lequel les princes et les rois eux-mêmes s'anéantissent. Ils doivent cet exemple aux peuples, et ce respect à la majesté du culte saint. Hélas ! ils regardent comme une bienséance de leur rang d'autoriser par leur présence les plaisirs publics et ils croiraient souvent se dégrader en paraissant à la tête des cantiques de joie et des solennités saintes de la religion ! Ils se font un intérêt d'État de donner du crédit par leur exemple aux amusements du théâtre et aux vains spectacles du siècle : l'Église est-elle donc moins intéressée que leurs exemples en donnent aux spectacles sacrés et religieux de la foi[52] ?

Les plaisirs publics n'ont pas besoin de protection. Hélas ! la corruption des hommes leur répond assez de la perpétuité de leur crédit et de leur durée[53]. Et s'ils sont nécessaires aux États, l'autorité n'a que faire de s'en mêler : de tous les besoins publics, c'est celui qui court le moins de risque.

Mais les devoirs de la religion, qui ne trouvent rien pour eux dans nos cœurs, il faut que de grands exemples les soutiennent : le culte achève de s'avilir[54] dès que les princes et les grands le négligent. Dieu ne paraît plus si grand – si j'ose parler ainsi – dès qu'on ne compte que le peuple parmi ses adorateurs : sa parole n'est plus écoutée, ou perd tous les jours son autorité, dès qu'elle n'est plus destinée qu'à être le pain des pauvres et des petits. Les devoirs publics de la piété sont abandonnés ; tout tombe et languit, si la religion du prince et des grands ne le soutient et ne le ranime. C'est ici où l'intérêt du culte se trouve mêlé avec celui de l'État ; où il importe au souverain de maintenir et les dehors augustes de la religion et l'unité de sa doctrine, qui soutiennent eux-mêmes le trône, et d'accoutumer ses sujets à rendre à Dieu et à l'Église le respect et la soumission qui leur sont dus, de peur qu'ils ne les lui refusent ensuite à lui-même. Les troubles de l'Église ne sont jamais loin de ceux de l'État. On ne respecte guère le joug des

52 L'emploi du mot « spectacle » repose sur une double valeur : il désigne à la fois les théâtres et la liturgie de la messe. Ce retournement sémantique est usuel dans la prédication classique.

53 Comprendre : la corruption des hommes garantit aux plaisirs publics une renommée permanente.

54 *S'avilir* : perdre son autorité.

puissances quand on est parvenu à secouer le joug de la foi, et l'hérésie a beau se laver de cet opprobre, elle a partout allumé le feu de la sédition. Elle est née dans la révolte ; en ébranlant les fondements de la foi, elle a ébranlé les trônes et les empires et partout, en formant des sectateurs, elle a formé des rebelles. Elle a beau dire que les persécutions des princes lui mirent en main les armes d'une juste défense, l'Église n'opposa jamais aux persécutions que la patience et la fermeté ; sa foi fut le seul glaive avec lequel elle vainquit les tyrans. Ce ne fut pas en répandant le sang de ses ennemis qu'elle multiplia ses disciples ; le sang de ses martyrs tout seul fut la semence de ses fidèles. Ses premiers docteurs ne furent pas envoyés dans l'univers comme des lions pour porter partout le meurtre et le carnage, mais comme des agneaux pour être eux-mêmes égorgés[55]. Ils prouvèrent, non en combattant, mais en mourant pour la foi, la vérité de leur mission : on devait les traîner devant les rois pour y être jugés comme des criminels, et non pour y paraître les armes à la main, et les forcer de leur être favorables. Ils respectaient le sceptre dans des mains même profanes et idolâtres et ils auraient cru déshonorer et détruire l'œuvre de Dieu, en recourant pour l'établir à des ressources humaines[56].

Les princes affermissent donc leur autorité en affermissant l'autorité de la religion. Aussi c'est à eux que le culte doit sa première magnificence. Ce fut sous les plus grands rois de la race de David[57] que le temple du Seigneur vit revivre sa gloire et sa majesté. Les Césars[58], sous l'Évangile[59], tirèrent l'Église de l'obscurité où les persécutions l'avaient laissée. Les Charlemagne, les saint Louis[60] relevèrent l'éclat de leur règne en relevant celui de leur culte ; et les monuments publics de leur piété, que les temps n'ont pu détruire, et que nous respectons encore parmi nous, font plus d'honneur à leur mémoire que les statues et les inscriptions qui, en immortalisant les victoires et les conquêtes, n'immortalisent d'ordinaire que la vanité des princes et le malheur des sujets.

---

55 Référence évangélique : Lc 10, 3, « Allez : je vous envoie comme des agneaux au milieu des loups ». Les loups de l'évangile deviennent des lions dans le sermon de Massillon.

56 Massillon insiste sur l'inspiration purement divine des martyrs et rejette l'idée que les catholiques aient pu imposer leur religion par la force ou autres « ressources humaines ».

57 Parmi les descendants du roi David, on compte notamment Salomon, Josaphat et Ozias.

58 C'est-à-dire les empereurs romains qui, à partir de Constantin (édit de Milan, en 313), initient la christianisation de l'empire.

59 Comprendre : sous l'influence de l'Évangile.

60 Charlemagne et saint Louis, deux rois de France qui ont été canonisés.

Mais les mêmes motifs qui obligent les grands à soutenir la majesté et la décence extérieure du culte, les rendent en même temps protecteurs de la sainteté de ses maximes : il faut qu'ils apprennent au peuple à respecter la piété, en respectant eux-mêmes ceux qui la pratiquent ; c'est une protection publique qu'ils doivent à la vertu.

Oui, Sire, les gens de bien sont la seule source du bonheur et de la prospérité des empires : c'est pour eux seuls que Dieu accorde aux peuples l'abondance et la tranquillité. S'il se fût trouvé dix justes dans Sodome, le feu du ciel ne serait jamais tombé sur cette ville criminelle[61]. L'État périrait, le trône serait renversé, nos villes abîmées et réduites en cendres, et nous aurions le même sort que Sodome et Gomorrhe, si Dieu ne voyait encore au milieu de nous des serviteurs fidèles, s'il ne nous laissait encore une semence sainte, si l'innocence peut-être de l'enfant auguste et précieux[62], la seule semence qui nous reste du sang de nos rois, n'arrêtait les foudres que la dissolution publique de nos mœurs aurait dû déjà attirer sur nos têtes : *nisi Dominus reliquisset nobis semen, sicut Sodoma facti essemus*, et *sicut Gomorrha similes fuissemus*[63]. Les princes, Sire, sont donc intéressés à protéger la vertu, puisque les empires et les monarchies et le monde entier ne subsistera[64] que tant qu'il y aura de la vertu sur la terre.

Mais ce n'est pas, Sire, par un simple respect que les princes doivent honorer les gens de bien, c'est par la confiance : ils ne trouveront d'amis fidèles que ceux qui sont fidèles à Dieu ; c'est par les emplois publics[65] : l'autorité n'est sûre et bien placée qu'entre les mains de ceux qui la craignent ; c'est par des préférences : les grands talents sont quelquefois les plus dangereux, si la crainte de Dieu ne sait les rendre utiles ; c'est par l'accès auprès de leur personne : la familiarité n'a rien à craindre de ce qui respecterait même nos rebuts[66] et nos mauvais traitements ; c'est

61 Gn 18, 32 : « Seigneur ! ajouta Abraham, ne vous fâchez pas, je vous supplie, si je parle encore une fois : Et si vous trouvez dix justes dans cette ville ? Je ne la perdrai point, dit le Seigneur, s'il y a dix justes. »

62 Louis XV.

63 Is 1, 9 : « Si le Seigneur des armées ne nous avait réservé quelques-uns de notre race, nous aurions été comme Sodome, et nous serions devenus semblables à Gomorrhe. »

64 Accord du verbe au singulier avec le sujet « les empires, et les monarchies, et le monde entier » : l'accord est déterminé par le nom le plus proche, qui a en outre une portée collective à même d'englober les deux noms précédents.

65 Comprendre : c'est en leur confiant des emplois publics que les princes trouveront des amis fidèles.

66 *Rebut* : attitude méprisante.

enfin par les grâces : nos bienfaits ne sauraient faire des ingrats de ceux que le devoir tout seul et la conscience nous attachent.

Quel bonheur, Sire, pour un siècle, pour un empire, pour les peuples, lorsque Dieu leur donne dans sa miséricorde des princes favorables à la piété ! Par eux croissent et s'animent[67] les talents utiles à l'Église ; par eux se forment et sont protégés des ouvriers fidèles et destinés à répandre la science du salut, à arracher les scandales du royaume de Jésus-Christ et à ranimer la foi par des ouvrages pleins de l'esprit qui les a dictés ; par eux s'élèvent au milieu de nous des maisons saintes, des établissements pieux où l'innocence est préservée, où le vice sauvé du naufrage trouve un port heureux ; par eux enfin nos neveux trouveront encore ces ressources publiques de salut[68], monuments heureux qui perpétuent la piété dans les empires, qui assurent aux princes la reconnaissance des âges à venir, qui mettent la postérité dans leurs intérêts[69] et qui les rendent les héros de tous les siècles.

Non, Sire, la gloire des monuments que l'orgueil ou l'adulation ont élevés sera ou ensevelie dans l'oubli par le temps, ou effacée par les censures et les jugements plus équitables de la postérité. Les races futures disputeront à la plupart des souverains les titres et les honneurs que leur siècle leur aura déférés, mais la gloire des secours publics accordés à la piété, et qui subsisteront après eux, ne leur sera pas disputée ; et quelque grand qu'ait été le roi que nous pleurons encore, de tous les monuments élevés si justement pour immortaliser la gloire de son règne, les deux édifices pieux et augustes où la valeur d'un côté, et la noblesse du sexe de l'autre trouveront jusqu'à la fin des ressources sûres et publiques, sont les titres qui lui répondent le plus des éloges et des actions de grâces de la postérité.

Tel est le zèle de protection que les princes et les grands doivent à la sainteté des maximes de la religion, mais ils le doivent encore au dépôt sacré de sa doctrine et de sa vérité, et notre siècle surtout, où

---

67 *S'animer* : prendre de la force.

68 L'expression, reprise au paragraphe suivant par « secours publics » et par « ressources sûres et publiques », désigne « deux édifices pieux et augustes », refuges de « la valeur » et de « la noblesse du sexe ». Massillon fait ainsi allusion à deux fondations créées par Louis XIV : l'hôtel des Invalides, dont la construction est achevée en 1710, et la Maison royale de Saint-Louis, pensionnat créé en 1686 pour les jeunes filles pauvres de la noblesse, connues sous le nom de « demoiselles de Saint Cyr ».

69 Comprendre : qui considèrent que la postérité est de leurs intérêts.

l'irréligion fait tant de progrès, doit encore plus réveiller là-dessus leur attention et leur zèle.

J'avoue que les impies ont été de tous les siècles ; que chaque âge et chaque nation a vu des esprits noirs et superbes[70] dire non seulement dans leur cœur et en secret, mais oser blasphémer[71] tout haut qu'il n'y a point de Dieu ; et que, dès[a] le temps même de Salomon, où le souvenir des merveilles du seigneur en Égypte et dans le désert était encore si récent[72], ils proposaient déjà, contre tout culte rendu au Très-Haut, ces doutes impies[73] qui sont devenus le langage vulgaire de l'incrédulité.

Mais s'il a paru autrefois des impies, le monde lui-même les a regardés avec horreur, et ces ennemis de Dieu n'ont paru sur la terre que pour être comme le rebut et l'anathème de tous les hommes.

Aujourd'hui, hélas ! l'impiété est presque devenue un air de distinction et de gloire ; c'est un titre qui honore, et souvent on se le donne à soi-même par une affreuse ostentation, tandis que la conscience n'ose encore secouer le joug, et nous le refuse ! Aujourd'hui, c'est un mérite qui donne accès auprès des grands ; qui relève pour ainsi dire, la bassesse du nom et de la naissance ; qui donne à des hommes obscurs auprès des princes du peuple[74] un privilège de familiarité dont nos mœurs mêmes, toutes corrompues qu'elles sont, rougissent ; et l'impiété, qui devrait avilir l'éclat même de la naissance et de la gloire, décore et anoblit l'obscurité et la roture. Ce sont les grands qui ont donné du crédit à l'impie ; c'est à eux à le dégrader et à le confondre.

Quelle honte pour la religion, mes frères ! Les plus grands hommes du paganisme[75] ne parlaient qu'avec respect des superstitions de l'idolâtrie, dont ils connaissaient la puérilité et l'extravagance : ils pensaient avec les sages, et ils n'auraient osé parler que comme le peuple ; ils n'auraient osé[b], avec toute leur réputation et leurs lumières, insulter tout haut un culte si insensé, mais que la majesté des lois de l'empire et l'ancienneté rendaient respectable ; et Socrate lui-même, l'honneur de la Grèce, ce

70 *Superbe* : orgueilleux.

71 Blasphémer que : le verbe, normalement intransitif, régit ici une proposition subordonnée.

72 Référence à la sortie d'Égypte sous la conduite de Moïse et à la manne tombée du ciel, qui nourrit les Hébreux au désert.

73 Référence au péché d'idolâtrie commis par Salomon et par son entourage, au temps de sa vieillesse (I R 11, 4-13). Les « doutes impies » peuvent faire allusion plus largement à des personnages bibliques qui, comme Job, expriment leur révolte face à Dieu.

74 Expression biblique désignant les chefs des tribus.

75 Allusion à Socrate et à Platon, et sans doute à Cicéron.

premier philosophe du monde, si estimé de tous les siècles, et qui devait être si cher au sien, perd la vie par un arrêt public d'Athènes[76] pour avoir parlé avec moins de circonspection de ces dieux bizarres auxquels ces citoyens devaient moins de respect et d'honneur qu'à lui-même.

Et parmi nous le Dieu du ciel et de la terre est insulté hautement, sans que le zèle public se réveille ! Et, sous l'empire même de la foi, des hommes vils et ignorants font des dérisions publiques d'une doctrine descendue du ciel ! Et on applaudit à l'impiété ! Et, dans un royaume où le titre de chrétien honore nos rois, l'incrédulité impunie devient même un titre d'honneur pour des sujets ! Les vaines idoles auraient donc eu le ministère public pour vengeur contre les savants et les sages, et le seul Dieu véritable ne l'aurait pas contre les libertins et les insensés !

Vengez l'honneur de la religion, vous, mes frères, dont les illustres ancêtres en ont été les premiers dépositaires, et dont[77] vous devez être par conséquent les premiers défenseurs ; éloignez l'impie d'auprès de vous ; n'ayez jamais pour amis les ennemis de Dieu : il y a tant de dignité pour les grands à ne pas souffrir qu'on insulte et qu'on avilisse devant eux la foi de leurs pères ! Ce doit être, pour vous, manquer de respect à votre rang, que d'en manquer en votre présence à la religion que vous professez ; c'est un langage indécent qui blesse les égards et les attentions qui vous sont dues : on vous méprise, en méprisant devant vous le Dieu que vous adorez. N'écoutez donc qu'avec une indignation qui ferme la bouche à l'incrédule, les discours de l'incrédulité. Comme c'est la vanité seule qui fait les impies, ils seront rares dès qu'ils seront méprisés.

Ayez vous-même un noble et religieux respect pour les vérités de la religion. La véritable élévation de l'esprit, c'est de pouvoir sentir toute la majesté et toute la sublimité de la foi. Les grandes lumières nous conduisent elles-mêmes à la soumission ; l'incrédulité est le vice des esprits faibles et bornés. C'est tout ignorer que de vouloir tout connaître. Les contradictions et les abîmes de l'impiété sont encore plus incompréhensibles que les mystères de la foi, et il y a encore moins de ressources pour la raison à secouer tout joug, qu'à obéir et à se soumettre.

Que votre respect et votre zèle pour la religion de vos pères cultive et fasse croître celui du jeune prince auprès duquel vos noms et vos

---

76 Accusé de s'être écarté des dieux de la cité et de rendre un culte à des nouvelles divinités, Socrate est condamné à mort par le tribunal d'Athènes en 399 av. J.-C.

77 Le pronom « dont » se rapporte à « l'honneur de la religion ».

dignités vous attachent et dont l'éducation est, pour ainsi dire, confiée à tous ceux qui ont l'honneur de l'approcher de plus près ! Qu'il retrouve en vous les premiers témoins de la foi que ses ancêtres placèrent sur le trône ; que le zèle pour la défense de l'Église, qui coule en lui avec le sang, soit encore réveillé et animé par vos exemples ; que les erreurs et les profanes nouveautés[78] soient les premiers ennemis qu'il se propose de combattre ; et qu'il soit encore plus jaloux[79] qu'on ne touche point aux anciennes bornes de la foi qu'à celles de la monarchie !

Que la tranquillité de son règne, ô mon Dieu, devienne celle de l'Église ; que les troubles qui l'agitent[80] soient calmés avant qu'il puisse les connaître ; que la concorde et l'union rétablies parmi nous préviennent la sévérité de ses lois et ne laissent plus rien à faire à son zèle ; que son règne soit le règne de la paix et de la vérité ; que le lion et l'agneau vivent ensemble paisiblement sous son empire[81] ; et que cet enfant miraculeux, comme dit Isaïe, les mène encore et les voie réunis dans les mêmes pâturages : *et puer parvulus minabit eos*[82] ! Que le camp des infidèles et des Philistins[83] ne se réjouisse plus de nos dissensions ; et que, s'ils entendent encore des clameurs autour de l'Arche[84], ce ne soient plus celles qui annoncent ses périls et des malheurs nouveaux, mais ses triomphes et sa gloire ! Ainsi soit-il.

---

78 Comprendre : les hérésies.

79 « Jaloux » est ici employé sans valeur péjorative, dans le sens général de « attaché à ». Il peut être ici rapproché de son emploi religieux : « On dit aussi en théologie, que Dieu est jaloux de sa gloire, pour dire, qu'il ne veut point qu'on adore les idoles, qu'on offre de l'encens à d'autres Dieux qu'à lui » (Furetière).

80 En 1713, la bulle papale *Unigetus* condamnant le jansénisme marque un regain de tension entre catholiques. Au début de la Régence, l'opposition à la bulle s'exprime fortement et des évêques jansénistes appellent à un concile général. Ils sont condamnés par un décret de l'Inquisition, le 8 mars 1718, soit quelques jours avant que ne soit prononcé ce sermon.

81 Massillon réunit à nouveau « le lion et l'agneau », alors que le livre d'Isaïe (Is 11, 6 et 65, 25) associe « le loup et l'agneau ».

82 Is 11, 6 : « Le loup habitera avec l'agneau ; le léopard se couchera auprès du chevreau ; le veau, le lion et la brebis demeureront ensemble, et un petit enfant les conduira tous. »

83 Les Philistins forment dans un peuple voisin du royaume d'Israël ; la Bible les présente comme les ennemis des Hébreux et de Dieu.

84 L'Arche d'alliance, contenant les tables de la loi données à Moïse sur le mont Sinaï, figure ici l'Église.

SERMON POUR LE TROISIÈME DIMANCHE DE CARÊME

Sur le malheur des grands qui abandonnent Dieu

Cum immundus spiritus exierit de homine, ambulat per loca inaquosa, quaerens requiem, et non invenit.

« Lorsque l'esprit immonde est sorti d'un homme, il s'en va par des lieux arides, cherchant du repos, et il n'en trouve point. » (Lc 11, 24)

Sire,

Cet esprit inquiet et immonde[1], qui sort et rentre dans l'homme d'où il est[a] sorti, qui change sans cesse de lieu, qui essaye de toutes les situations et ne peut se plaire et se fixer dans aucune, qui court toujours pour découvrir des sentiers agréables et délicieux et qui ne marche jamais que par des lieux tristes et arides, qui cherche le repos et ne le trouve pas, c'est l'image de l'humeur et du caractère des grands de la terre, toujours plus inquiets, plus agités et plus malheureux que le simple peuple, dès que, livrés à leurs passions et à eux-mêmes, ils ont abandonné Dieu.

C'est la figure[2] naturelle de cet état d'élévation et de prospérité si envié du monde et si peu digne d'envie selon Dieu. Le bonheur, Sire, n'est pas attaché à l'éclat du rang et des titres ; il n'est attaché qu'à l'innocence de la vie. Ce n'est pas ce qui nous élève au-dessus des autres hommes qui nous rend heureux, c'est ce qui nous réconcilie avec Dieu. Vous portez la plus belle couronne de l'univers mais, si la piété ne vous

---

1 Le démon.

2 *La figure* : l'image.

aide à la soutenir, elle va devenir le fardeau même qui vous accablera. En un mot, point de bonheur où il n'y a point de repos, et point de repos où Dieu n'est point.

Ainsi, l'élévation toute seule ne fait pas le bonheur des grands, si elle n'est accompagnée de la vertu et de la crainte du Seigneur. Au contraire, plus on est grand, plus on vit malheureux, si l'on ne vit point avec Dieu.

Vérité importante, qui va faire le sujet de ce discours. Implorons, etc. AVE, MARIA.

Sire,

Si l'homme n'était fait que pour la terre, plus il y occuperait de place, et plus il serait heureux.

Mais l'homme est né pour le ciel. Il porte écrits dans son cœur les titres augustes et ineffaçables de son origine ; il peut les avilir mais il ne peut les effacer. L'univers entier serait sa possession et son partage, qu'il sentirait toujours qu'il se dégrade et ne se satisfait pas en s'y fixant. Tous les objets qui l'attachent ici-bas l'arrachent, pour ainsi dire, du sein de Dieu, son origine et son repos éternel et laissent une plaie de remords et d'inquiétude dans son âme qu'ils ne sauraient plus fermer eux-mêmes ; il sent toujours la douleur secrète de la rupture et de la séparation, et tout ce qui altère son union avec Dieu le rend irréconciliable avec lui-même.

Cependant nous nous promettons toujours ici-bas une injuste félicité[3]. Nous courons tous dans cette terre aride, comme l'esprit de notre Évangile, après un bonheur et un repos que nous ne saurions trouver. À peine détrompés, par la possession d'un objet, du bonheur qui semblait nous y attendre, un nouveau désir nous jette dans la même illusion ; et, passant sans cesse de l'espérance du bonheur au dégoût, et du dégoût à l'espérance, tout ce qui nous fait sentir notre méprise devient lui-même[4] l'attrait qui la perpétue.

Il semble d'abord que cette erreur ne devrait être à craindre que pour le peuple : la bassesse de sa fortune laissant toujours un espace immense au-dessus de lui, il serait moins étonnant qu'il se figurât une félicité imaginaire dans les situations élevées où il ne peut atteindre et

---

3 *Une injuste félicité* : une félicité contraire à la loi de divine.

4 « Lui-même » porte sur « tout ce qui… », en dépit de l'indétermination de la relative.

qu'il crût – car tel est l'homme – que tout ce qu'il ne peut avoir, c'est cela même qui est le bonheur qu'il cherche.

Mais l'éclat du rang, des titres et de la naissance dissipe bientôt cette vaine illusion. On a beau monter et être porté sur les ailes de la fortune au-dessus de tous les autres, la félicité se trouve toujours placée plus haut que nous-mêmes : plus on s'élève, plus elle semble s'éloigner de nous. Les chagrins et les noirs soucis montent et vont s'asseoir même avec le souverain sur le trône[5]. Le diadème qui orne le front auguste des rois n'est souvent armé que de pointes et d'épines qui le déchirent et les grands, loin d'être les plus heureux, ne sont que les tristes témoins qu'on ne peut l'être sans la vertu sur la terre.

Il est vrai même que l'élévation nous rend plus malheureux, si elle ne nous rend pas plus fidèles à Dieu. Les passions y sont plus violentes, l'ennui plus à charge, la bizarrerie[6] plus inévitable, c'est-à-dire le vide de tout ce qui n'est pas Dieu plus sensible et plus affreux.

PREMIÈRE PARTIE

Les passions plus violentes. Oui, Sire, les passions font tous nos malheurs et tout ce qui les flatte et les irrite augmente nos peines. Un grand voluptueux est plus malheureux et plus à plaindre que le dernier et le plus vil d'entre le peuple : tout lui aide[7] à assouvir son injuste passion, et tout ce qui l'assouvit la réveille ; ses désirs croissent avec ses crimes ; plus il se livre à ses penchants, plus il en devient le jouet et l'esclave ; sa prospérité rallume sans cesse le feu honteux qui le dévore et le fait renaître de ses propres cendres ; les sens, devenus ses maîtres, deviennent ses tyrans ; il se rassasie de plaisir, et sa satiété fait elle-même son supplice ; et les plaisirs enfantent eux-mêmes, dit l'esprit de Dieu, le ver qui le ronge et qui le dévore : *et dulcedo illius vermis*[8]. Ainsi ses inquiétudes naissent de son abondance : ses désirs, toujours satisfaits,

---

5 Images qui évoquent Horace, *Odes*, III, 1, 37 : « *post equitem sedet atra Cura* » (le noir souci monte derrière le cavalier).

6 *Bizarrerie* : caprice, humeur changeante.

7 Construction indirecte de « aider ».

8 Jb 20, 24 : « Que les vers soient sa douceur et ses délices ».

ne lui laissant plus rien à désirer, le laissent tristement avec lui-même ; l'excès de ses plaisirs en augmente de jour en jour le vide et plus il en goûte, plus ils deviennent tristes et amers.

Son rang même, ses bienséances[9], ses devoirs, tout empoisonne sa passion criminelle. Son rang : plus il est élevé, plus il en coûte pour la dérober aux regards et à la censure publique. Ses bienséances : plus il en est jaloux, plus les alarmes qu'une indiscrétion ne trahisse ses précautions et ses mesures sont cruelles. Ses devoirs : parce qu'il les faut toujours prendre sur ses plaisirs.

Non, Sire, le trône où vous êtes assis a autour de lui encore plus de remparts qui le défendent contre la volupté, que d'attraits qui l'y engagent. Si tout dresse des pièges à la jeunesse des rois, tout leur tend les mains aussi pour les aider à les éviter. Donnez-vous à vos peuples à qui vous vous devez : le poison de la volupté ne trouvera guère de moment pour infecter votre cœur ; elle n'habite et ne se plaît qu'avec l'oisiveté et l'indolence. Que les soins de la royauté en deviennent pour vous les plus chers plaisirs ! Ce n'est pas régner de ne vivre que pour soi-même : les rois ne sont que les conducteurs des peuples. Ils ont, à la vérité, ce nom et ce droit par la naissance mais ils ne le méritent que par les soins et l'application. Aussi les règnes oisifs forment un vide obscur dans nos annales : elles n'ont pas daigné même compter les années de la vie des rois fainéants[10] ; il semble que, n'ayant pas régné eux-mêmes[11], ils n'ont pas vécu. C'est un chaos qu'on a de la peine à éclaircir encore aujourd'hui. Loin de décorer nos histoires, ils ne font que les obscurcir et les embarrasser et ils sont plus connus par les grands hommes qui ont vécu sous leur règne, que par eux-mêmes.

Je ne parle pas ici de toutes les autres passions, qui, plus violentes dans l'élévation, font sur le cœur des grands des plaies plus douloureuses et plus profondes. L'ambition y est plus démesurée. Hélas ! le citoyen obscur vit content dans la médiocrité de sa destinée : héritier de la fortune de ses pères, il se borne à leur nom et à leur état ; il regarde sans envie ce qu'il ne pourrait souhaiter sans extravagance ; tous ses désirs sont renfermés dans ce qu'il possède ; et s'il forme quelquefois des projets d'élévation, ce sont de ces chimères agréables qui amusent le loisir d'un esprit oiseux, mais non pas des inquiétudes qui le dévorent.

---

9 *Ses bienséances* : les convenances que lui procure sa position.

10 Les « rois fainéants », derniers descendants de la dynastie des Mérovingiens.

11 Comprendre : n'ayant pas gouverné par eux-mêmes.

Au grand, rien ne suffit, parce qu'il peut prétendre à tout : ses désirs croissent avec sa fortune ; tout ce qui est plus élevé que lui le fait paraître petit à ses yeux ; il est moins flatté de laisser tant d'hommes derrière lui, que rongé d'en avoir encore qui le précèdent ; il ne croit rien avoir, s'il n'a tout ; son âme est toujours aride et altérée ; et il ne jouit de rien, si ce n'est de ses malheurs et de ses inquiétudes.

Ce n'est pas tout : de l'ambition naissent les jalousies dévorantes, et cette passion si basse et si lâche est pourtant le vice et le malheur des grands. Jaloux[12] de la réputation d'autrui, la gloire qui ne leur appartient pas est pour eux comme une tâche qui les flétrit et qui les déshonore. Jaloux des grâces qui tombent à côté d'eux, il semble qu'on leur arrache celles qui se répandent sur les autres. Jaloux de la faveur, on est digne de leur haine et de leur mépris, dès qu'on l'est de l'amitié et de la confiance du maître. Jaloux même des succès glorieux à l'État, la joie publique est souvent pour eux un chagrin secret et domestique. Les victoires remportées par leurs rivaux sur les ennemis leur sont plus amères qu'à nos ennemis mêmes ; leur maison, comme celle d'Aman, est une maison de deuil et de tristesse, tandis que Mardochée triomphe et reçoit au milieu de la capitale les acclamations publiques[13] ; et, peu contents d'être insensibles à la gloire des événements, ils cherchent à se consoler en s'efforçant de les obscurcir par la malignité des réflexions et des censures. Enfin, cette injuste passion tourne tout en amertume et on trouve le secret de n'être jamais heureux, soit par ses propres maux, soit par les biens qui arrivent aux autres.

Enfin, parcourez toutes les passions ; c'est sur le cœur des grands qui vivent dans l'oubli de Dieu qu'elles exercent un empire plus triste et plus tyrannique. Leurs disgrâces sont plus accablantes : plus l'orgueil est excessif, plus l'humiliation est amère. Leurs haines plus violentes : comme une fausse gloire les rend plus vains, le mépris aussi les trouve plus furieux et plus inexorables. Leurs craintes plus excessives : exempts de maux réels, ils s'en forment même de chimériques, et la feuille que le vent agite est comme la montagne qui va s'écrouler sur eux. Leurs infirmités plus affligeantes : plus on tient à la vie, plus tout ce qui la

12 Dans cette série d'emplois, « jaloux » se rapporte au nom « grands », bien que, dans aucun cas, ce nom n'apparaisse en fonction sujet. En langue classique, le complément détaché en tête de phrase peut se rapporter à n'importe quel élément, quelle que soit sa fonction, dès lors que la relation logique semble évidente.

13 Voir le sermon pour le premier dimanche, notes 29 et 32.

menace nous alarme. Accoutumés à tout ce que les sens offrent de plus doux et de plus riant, la plus légère douleur déconcerte[14] toute leur félicité, et leur est insoutenable. Ils ne savent user sagement ni de la maladie ni de la santé, ni des biens ni des maux inséparables de la condition humaine. Les plaisirs abrègent leurs jours et les chagrins, qui suivent toujours les plaisirs, précipitent le reste de leurs années. La santé, déjà ruinée par l'intempérance, succombe sous la multiplicité des remèdes. L'excès des attentions achève ce que n'avait pu faire l'excès des plaisirs, et, s'ils se sont défendu les excès, la mollesse et l'oisiveté toute seule devient pour eux une espèce de maladie et de langueur qui épuise toutes les précautions de l'art, et que les précautions usent et épuisent elles-mêmes. Enfin, leurs assujettissements plus tristes : élevés à vivre d'humeur et de caprice[15], tout ce qui les gêne et les contraint, les accable. Loin de la cour, ils croient vivre dans un triste exil ; sous les yeux du maître, ils se plaignent sans cesse de l'assujettissement des devoirs de la contrainte des bienséances : ils ne peuvent porter ni la tranquillité d'une condition privée, ni la dignité d'une vie publique. Le repos leur est aussi insupportable que l'agitation, ou plutôt ils sont partout à charge à eux-mêmes. Tout est un joug pesant à quiconque veut vivre sans joug et sans règle.

Non[16], mes frères, un grand dans le crime est plus malheureux qu'un autre pécheur : la prospérité l'endurcit, pour ainsi dire, et ne lui laisse de sensibilité que pour la peine. Vous l'avez voulu, ô mon Dieu, que l'élévation, qu'on regarde comme une ressource pour les grands qui vivent dans l'oubli de vos commandements, soit elle-même leur ennui et leur supplice.

---

14 *Déconcerter* : déranger un accord.

15 Vivre d'humeur et de caprice : vivre selon des dispositions changeantes. Les termes « humeur » et « caprice » sont quasiment synonymes.

16 Ce paragraphe, dans le prolongement du propos qui précède, aurait pu être amené par un « oui ». Avec ce « non », on peut comprendre que, Massillon s'oppose à l'opinion commune de son auditoire.

DEUXIÈME PARTIE

Je dis leur ennui : et c'est une seconde réflexion que me fournit le malheur des grands qui ont abandonné Dieu. Non seulement les passions sont plus violentes dans cet état si heureux aux yeux du monde, mais l'ennui y devient plus insupportable.

Oui, mes frères, l'ennui, qui paraît devoir être le partage du peuple, ne s'est pourtant, ce semble, réfugié que chez les grands ; c'est comme leur ombre qui les suit partout. Les plaisirs, presque tous épuisés pour eux, ne leur offrent plus qu'une triste uniformité qui endort ou qui lasse : ils ont beau les diversifier, ils diversifient leur ennui. En vain ils se font honneur de paraître à la tête de toutes les réjouissances publiques ; c'est une vivacité d'ostentation. Le cœur n'y prend presque plus de part ; le long usage des plaisirs les leur a rendus inutiles ; ce sont des ressources usées, qui se nuisent chaque jour à elles-mêmes. Semblables à un malade à qui une longue langueur a rendu tous les mets insipides, ils essayent de tout, et rien ne les pique[17] et ne les réveille ; et un dégoût affreux, dit Job, succède à l'instant à une vaine espérance de plaisir dont leur âme s'était d'abord flattée : *et spes illorum abominatio animæ*[18].

Toute leur vie n'est qu'une précaution pénible contre l'ennui et toute leur vie n'est qu'un ennui pénible elle-même ; ils l'avancent même en se hâtant de multiplier les plaisirs. Tout est déjà usé pour eux à l'entrée même de la vie, et leurs premières années éprouvent déjà les dégoûts et l'insipidité que la lassitude et le long usage de tout semblent attacher à la vieillesse.

Il faut au juste[19] moins de plaisirs, et ses jours sont plus heureux et plus tranquilles. Tout est délassement pour un cœur innocent. Les plaisirs doux et permis qu'offre la nature, fades et ennuyeux pour l'homme dissolu, conservent tout leur agrément pour l'homme de bien. Il n'y a même que les plaisirs innocents qui laissent une joie pure dans l'âme ; tout ce qui la souille l'attriste et la noircit. Les saintes familiarités et les jeux chastes et pudiques d'Isaac et de Rebecca, dans la cour du roi de

17 *Piquer* : faire impression, éveiller l'intérêt.
18 Jb 11, 20 : « ils n'auront pour espérance que ce dont l'âme a horreur ».
19 Comprendre : l'homme juste, qui suit les commandements évangéliques.

Gérare[20], suffisaient à ces âmes pures et fidèles. C'était un plaisir assez vif pour David de chanter sur la lyre[21] les louanges du Seigneur, ou de danser avec le reste de son peuple autour de l'arche sainte. Les festins d'hospitalité faisaient les fêtes les plus agréables des premiers patriarches, et la brebis la plus grasse suffisait pour les délices de ces tables innocentes.

Il faut moins de joie au-dehors à celui qui la porte déjà dans le cœur. Elle se répand de là sur les objets les plus indifférents ; mais si vous ne portez pas au-dedans la source de la joie véritable, c'est-à-dire la paix de la conscience et l'innocence du cœur, en vain vous la cherchez au-dehors. Rassemblez tous les amusements autour de vous ; il s'y répandra toujours du fond de votre âme une amertume qui les empoisonnera. Raffinez sur tous les plaisirs, subtilisez-les, mettez-les dans le creuset[22] ; de toutes ces transformations il n'en sortira et résultera jamais que l'ennui.

Grand Dieu, ce qui nous éloigne de vous est cela même qui devrait nous rappeler à vous : plus la prospérité multiplie nos plaisirs, plus elle nous en détrompe. Et les grands sont moins excusables et plus malheureux de ne pas s'attacher à vous, ô mon Dieu, parce qu'ils sentent mieux et plus souvent le vide de tout ce qui n'est pas vous.

TROISIÈME PARTIE

Et non seulement ils sont plus malheureux par l'ennui qui les poursuit partout, mais encore par la bizarrerie et le fonds d'humeur et de caprice qui en sont inséparables. Lorsqu'il sera rassasié, dit Job, son esprit paraîtra triste et agité ; l'inégalité de son humeur imitera l'inconstance des flots de la mer, et les pensées les plus noires et les plus sombres viendront fondre dans son âme : *cum satiatus fuerit, arctabitur, aestuabit, et omnis dolor irruet super eum*[23].

---

20 Gérare (ou Guérar) était une ville gouvernée par le roi des Philistin Abimelech. Isaac et son épouse Rébecca s'installèrent dans cette ville pour fuir la famine et ils y connurent la richesse. Voir Gn 26, 1-17.

21 Traditionnellement considéré comme l'auteur des Psaumes, David est représenté avec une lyre.

22 Emploi métaphorique du vocabulaire de l'alchimie.

23 Jb 20, 22 : « Après qu'il se sera bien soûlé, il se trouvera dans des étouffements qui le déchireront, et les douleurs l'accableront de toutes parts. »

Telle est, Sire, la destinée des princes et des grands qui vivent dans l'oubli de Dieu et qui n'usent de leur prospérité que pour la félicité de leurs sens. Ennuyés bientôt de tout, tout leur est à charge, et ils sont à charge[b] à eux-mêmes. Leurs projets se détruisent les uns les autres et il n'en résulte jamais qu'une incertitude universelle que le caprice forme, et que lui seul peut fixer. Leurs ordres ne sont jamais, un moment après, les interprètes sûrs de leur volonté : on déplaît en obéissant ; il faut les deviner, et cependant ils sont une énigme inexplicable à eux-mêmes. Toutes leurs démarches[24], dit l'Esprit Saint, sont vagues, incertaines, incompréhensibles : *vagi sunt gressus ejus, et investigabiles*[25]. On a beau s'attacher à les suivre, on les perd de vue à chaque instant ; ils changent de sentier ; on s'égare avec eux, et on les manque encore. Ils se lassent des hommages qu'on leur rend, et ils sont piqués de ceux qu'on leur refuse. Les serviteurs les plus fidèles les importunent par leur sincérité et ne réussissent pas mieux à plaire par leur complaisance. Maîtres bizarres et incommodes, tout ce qui les environne porte le poids de leurs caprices et de leur humeur, et ils ne peuvent le porter eux-mêmes : ils ne semblent nés que pour leur malheur et pour le malheur de ceux qui les servent.

Voyez Saül[26] au milieu de ses prospérités et de sa gloire. Quel homme aurait dû passer des jours plus agréables et plus heureux ! D'une fortune obscure et privée, il s'était vu élever sur le trône[27] ; son règne avait commencé par des victoires ; un fils[28], digne de lui succéder, semblait assurer la couronne à sa race ; toutes les tribus soumises fournissaient à sa magnificence et à ses plaisirs et lui obéissaient comme un seul homme. Que lui manquait-il pour être heureux, si l'on pouvait l'être sans Dieu ?

Il perd la crainte du Seigneur, et avec elle il perd son repos et tout le bonheur de sa vie. Livré à un esprit mauvais et aux vapeurs noires et bizarres qui l'agitent[29], on ne le connaît[c] plus, et il ne se connaît plus lui-même. La harpe d'un berger, loin d'amuser sa tristesse, redouble sa

---

24 *Démarches* : mouvements.

25 Pr. 5, 6 : « Ses démarches sont vagabondes et impénétrables. »

26 Saül est, dans la Bible, le premier roi d'Israël et de Juda : 1 S 8-31.

27 Saül est issu de la tribu de Benjamin, « qui est la plus petite d'Israël » (1 S 9, 21). Il est à la recherche des ânesses de son père lorsqu'il rencontre le prophète Samuel qui le fait roi.

28 Jonathan, ami de David, futur successeur de Saül.

29 1 S 16, 14 : « Or l'Esprit du Seigneur se retira de Saül, et il était agité du malin esprit envoyé par le Seigneur. »

fureur[30]. Ses louanges et ses victoires, chantées par les filles de Juda, sont pour lui comme des censures et des opprobres. Il se dérobe aux hommages publics, et il ne peut se dérober à lui-même. David lui déplaît en paraissant au pied de son trône, et, s'en éloignant, il est encore plus sûr de déplaire. Touché de sa fidélité, il fait son éloge et se reconnaît moins juste et moins innocent que lui ; et le lendemain, il lui dresse des embûches pour s'en assurer et lui faire perdre la vie. La tendresse de son propre fils l'ennuie et lui devient suspecte. Tous les courtisans cherchent, étudient ce qui pourrait adoucir son humeur sombre et bizarre : soins inutiles ! Lui-même ne le sait pas. Il a négligé Samuel pendant la vie de ce prophète, et il s'avise de le rappeler du tombeau et de le consulter après sa mort[31]. Il ne croit plus en Dieu, et il est assez crédule pour aller interroger les démons. Il est impie, et il est superstitieux : destin, pour le dire ici en passant, assez ordinaire aux incrédules. Ils traitent d'imposteurs les Samuel, les prophètes autrefois envoyés de Dieu ; ils regardent comme une force d'esprit de mépriser ces interprètes respectables des conseils éternels et de se moquer des prédictions que les événements ont toutes justifiées ; ils refusent au Très-Haut la connaissance de l'avenir et le pouvoir d'en favoriser ses serviteurs fidèles ; et ils ont la faiblesse populaire d'aller consulter une pythonisse[32].

Oui, mes frères, le malheureux état des grands dans le crime est une preuve éclatante qu'un Dieu préside aux choses humaines. Si les hommes ennemis de Dieu pouvaient être heureux, ils le seraient du moins sur le trône. Mais quiconque, dit un roi lui-même[33], quiconque, fût-il maître de l'univers, s'éloigne de la règle de la sagesse, il s'éloigne du seul bonheur où l'homme puisse aspirer sur la terre : *sapientiam enim et disciplinam qui abjicit, infelix est*[34].

Plus même vous êtes élevé, plus vous êtes malheureux. Comme rien ne vous contraint, rien aussi ne vous fixe : moins vous dépendez des autres, plus vous êtes livrés à vous-même ; vos caprices naissent de votre

---

30 Alors que Saül se calmait au son de la cithare de David, il devint jaloux de lui lorsque celui-ci remporta une première victoire contre les Philistins. Saül voulut alors tuer David (1 S 18, 10-11).

31 À la veille d'une bataille contre les Philistins, Saül se rendit chez une nécromancienne pour invoquer l'esprit de Samuel (1 S 28 4-19).

32 Pythonisse : femme qui prédit l'avenir. Ici la nécromancienne qui évoque l'esprit de Samuel.

33 Salomon, dans le livre de la Sagesse (qui est appelé en grec Sagesse de Salomon).

34 Sg 3, 11 : « Car celui qui rejette la sagesse et l'instruction est malheureux ».

indépendance ; vous retournez sur vous[35] votre autorité. Vos passions ayant essayé de tout et tout usé, il ne vous reste plus qu'à vous dévorer vous-mêmes : vos bizarreries deviennent l'unique ressource de votre ennui et de votre satiété. Ne pouvant plus varier les plaisirs déjà tous épuisés, vous ne sauriez plus trouver de variété que dans les inégalités éternelles de votre humeur ; et vous vous en prenez sans cesse à vous du vide que tout ce qui vous environne laisse au-dedans de vous-mêmes.

Et ce n'est pas ici une de ces vaines images que le discours embellit, et où l'on supplée par les ornements à la ressemblance. Approchez des grands ; jetez les yeux vous-mêmes sur une de ces personnes qui ont vieilli dans les passions, et que le long usage des plaisirs a rendues également inhabiles et au vice et à la vertu. Quel nuage éternel sur l'humeur ! Quel fonds de chagrin et de caprice ! Rien ne plaît, parce qu'on ne saurait plus soi-même se plaire. On se venge sur tout ce qui nous environne des chagrins secrets qui nous déchirent ; il semble qu'on fait un crime au reste des hommes de l'impuissance où l'on est d'être encore aussi criminel qu'eux ; on leur reproche en secret tout ce qu'on ne peut plus se permettre à soi-même et l'on met l'humeur à la place des plaisirs.

Non, mes frères, tournez-vous de tous les côtés : les grands séparés de Dieu ne sont plus que les tristes jouets de leurs passions, de leurs caprices, des événements et de toutes les choses humaines. Eux seuls sentent le malheur d'une âme livrée à elle-même, en qui toutes les ressources des sens et des plaisirs ne laissent qu'un vide affreux et à qui le monde entier, avec tout cet amas de gloire et de fumée[36] qui l'environne, devient inutile si Dieu n'est point avec elle : ils sont comme les témoins illustres de l'insuffisance des créatures et de la nécessité d'un Dieu et d'une religion sur la terre. Eux seuls prouvent au reste des hommes qu'il ne faut attendre de bonheur ici-bas que dans la vertu et dans l'innocence ; que tout ce qui augmente nos passions multiplie nos peines ; que les heureux du monde n'en sont, pour ainsi dire, que les premiers martyrs[37] et que Dieu seul peut suffire à un cœur qui n'est fait que pour lui seul.

---

35 Sur vous : contre vous.

36 *Fumée* : « Se dit figurément des choses vaines et légères, et qui deviennent à rien » (Furetière).

37 Comprendre : que les hommes qui jouissent du bonheur sur la terre sont, pour ainsi dire, des victimes.

Dieu de mes pères, disait autrefois un jeune roi[38], et qui [dès[39]] l'enfance, comme vous, Sire, était monté sur le trône ; Dieu de mes pères, vous m'avez établi prince sur votre peuple et juge des enfants d'Israël. Au sortir presque du berceau, vous m'avez placé sur le trône et en un âge où l'on ignore encore l'art de se conduire soi-même, vous m'avez choisi pour être le conducteur d'un grand peuple : *Deus patrum meorum, tu elegisti me regem populo tuo*[40]. Vous m'avez environné de gloire, de prospérité et d'abondance mais la magnificence de vos dons sera elle-même la source de mes malheurs et de mes peines, si vous n'y ajoutez l'amour de vos commandements et la sagesse. Envoyez-la moi du haut des cieux, où elle assiste[41] sans cesse à vos côtés ; c'est elle qui préside aux bons conseils et qui donnera à ma jeunesse toute la prudence des vieillards et toute la majesté des rois mes ancêtres ; elle seule m'adoucira les soucis de l'autorité et le poids de ma couronne : *ut mecum sit et mecum laboret*[42] ; elle seule me fera passer des jours heureux et me soutiendra dans les ennuis et les pensées inquiètes que la royauté traîne après elle : *et erit allocutio cogitationis et tædii mei*[43]. Je ne trouverai de repos au milieu même de la magnificence de mes palais, et parmi les hommages qu'on m'y rendra, qu'avec elle : *intrans in domum meam, conquiescam cum illa*[44]. Les plaisirs finissent par l'amertume ; le trône lui-même, grand Dieu, si vous n'y êtes assis avec le souverain, est le siège des noirs soucis, mais votre crainte et la sagesse ne laissent point de regret après elle : on ne s'ennuie point de les posséder et la joie même et la paix ne se trouvent jamais qu'avec elle : *nec enim habet amaritudinem conversatio illius, nec tædium, sed lætitiam et gaudium*[45].

Heureux donc le prince, ô mon Dieu, qui ne croit commencer à régner que lorsqu'il commence à vous craindre, qui ne se propose d'aller à la gloire que par la vertu et qui regarde comme un malheur de commander aux autres s'il ne vous est pas soumis lui-même !

Donnez donc, grand Dieu, votre sagesse et votre jugement[46] au roi, et votre justice à cet enfant de tant de rois. Vous qui êtes le secours du

38 Salomon, fils et successeur de David.
39 Le manuscrit et l'édition de 1745 portent « de ».
40 Sg 9, 7 : « C'est toi qui m'as préféré pour être roi de ton peuple ».
41 *Assister* : siéger.
42 Sg 9, 10.
43 Sg 8, 9.
44 Sg 8, 16.
45 Sg 8, 16.
46 *Jugement* : capacité de jugement.

pupille[47], rendez-lui par l'abondance de vos bénédictions, ce que vous lui avez ôté en le privant des exemples d'un père pieux[48] et des leçons d'un auguste bisaïeul[49] ; réparez ces pertes par l'accroissement de vos grâces et de vos bienfaits ! Vous seul, grand Dieu, tenez-lui lieu de tout ce qui lui manque ; regardez avec des yeux paternels cet enfant auguste que vous avez, pour ainsi dire, laissé seul sur la terre, et dont vous êtes par conséquent le premier tuteur et le père ! Que son enfance, qui le rend si cher à la nation, réveille les entrailles de votre miséricorde[50] et de votre tendresse ! Environnez sa jeunesse des secours singuliers[51] de votre protection. La faiblesse de son âge, et les grâces qui brillent déjà dans ses premières années, nous arrachent tous les jours des larmes de crainte et de tendresse : rassurez nos frayeurs en éloignant de lui tous les périls qui pourraient menacer sa vie et récompensez notre tendresse en le rendant lui-même tendre et humain pour ses peuples ! Rendez-le heureux en lui conservant votre crainte, qui seule fait le bonheur des peuples et des rois ! Assurez la félicité de son règne par la bonté de son cœur et par l'innocence de sa vie ! Que votre loi sainte soit écrite au fond de son âme et autour de son diadème pour lui en adoucir le poids ! Qu'il ne sente les soucis de la royauté que par sa sensibilité aux misères publiques ; et que sa piété, plus encore que sa puissance et ses victoires, fasse tout son bonheur et le nôtre ! Ainsi soit-il.

---

47 *Pupille* : orphelin.
48 Le duc de Bourgogne, père de Louix XV.
49 Louis XIV, arrière-grand-père de Louis XV.
50 *Les entrailles de votre miséricorde* : expression évangélique (voir Lc 1, 78 ; Col 3, 12).
51 *Singulier* : incomparable.

SERMON POUR LE QUATRIÈME DIMANCHE DE CARÊME

Sur l'humanité des grands envers le peuple

Cum sublevasset oculos Jesus, et vidisset quia multitudo maxima venit ad eum.
« Jésus ayant levé les yeux, et voyant une grande foule de peuple qui venait à lui. » (Jn 6, 5)

Sire,

Ce n'est pas la toute-puissance de Jésus-Christ et la merveille des pains multipliés par sa seule parole qui doit aujourd'hui nous toucher et nous surprendre. Celui par qui tout était fait pouvait tout sans doute sur des créatures[1] qui sont son ouvrage ; et ce qui frappe le plus les sens dans ce prodige n'est pas ce que je choisis aujourd'hui pour nous consoler et nous instruire.

C'est son humanité envers les peuples. Il voit une multitude errante et affamée au pied de la montagne, et ses entrailles se troublent, et sa piété se réveille, et il ne peut refuser aux besoins de ces infortunés non seulement son secours, mais encore sa compassion et sa tendresse : *vidit turbam multam, et misertus est eis*[2].

Partout il laisse échapper des traits d'humanité pour les peuples. À la vue des malheurs qui menacent Jérusalem, il soulage sa douleur par sa piété et par ses larmes[3].

1 *Créature* : dans son sens le plus général « qui a été créé », désigne ici des objets et non des êtres vivants.
2 Mt 14, 14 : « ayant vu une grande multitude de personnes, il en eut compassion ».
3 Lc 19, 41 : « Étant ensuite arrivé proche de Jérusalem, et regardant la ville, il pleura sur elle ».

Quand deux disciples veulent faire descendre le feu du ciel sur une ville de Samarie, son humanité s'intéresse pour ce peuple contre leur zèle et il leur reproche d'ignorer encore l'esprit de douceur et de charité dont ils vont être les ministres[4].

Si les apôtres éloignent rudement une foule d'enfants qui s'empressent autour de lui, sa bonté s'offense qu'on veuille l'empêcher d'être accessible[5] et plus un respect mal entendu éloigne de lui les faibles et les petits, plus sa clémence et son affabilité s'en rapproche.

Grande leçon d'humanité envers les peuples, que Jésus-Christ donne aujourd'hui aux princes et aux grands. Ils ne sont grands que pour les autres hommes et ils ne jouissent proprement de leur grandeur qu'autant qu'ils la rendent utile aux autres hommes.

C'est-à-dire, l'humanité envers les peuples est le premier devoir des grands ; et l'humanité envers les peuples est l'usage le plus délicieux de la grandeur.

PREMIÈRE PARTIE

Sire,

Toute puissance vient de Dieu, et tout ce qui vient de Dieu n'est établi que pour l'utilité des hommes. Les grands seraient inutiles sur la terre s'il ne s'y trouvait des pauvres et des malheureux ; ils ne doivent leur élévation qu'aux besoins publics ; et loin que les peuples soient faits pour eux, ils ne sont eux-mêmes tout ce qu'ils sont que pour les peuples.

Quelle affreuse providence, si toute la multitude des hommes n'était placée sur la terre que pour servir aux plaisirs d'un petit nombre d'heureux

---

4 Lc 9, 54-56 : « Ils lui dirent : Seigneur, voulez-vous que nous commandions que le feu descende du ciel, et qu'il les dévore ? Mais se retournant, il leur fit réprimande, et leur dit : Vous ne savez pas à quel esprit vous êtes appelés : le Fils de l'homme n'est pas venu pour perdre les hommes, mais pour les sauver. »

5 Mt 19, 13-14 : « On lui présenta alors de petits enfants, afin qu'il leur imposât les mains, et qu'il priât pour eux : et comme ses disciples les repoussaient par des paroles rudes, Jésus leur dit : Laissez là ces enfants, et ne les empêchez pas de venir à moi car le royaume du ciel est pour ceux qui leur ressemblent. »

qui l'habitent, et qui souvent ne connaissent pas le Dieu qui les comble de bienfaits !

Si Dieu en élève quelques-uns, c'est donc pour être l'appui et la ressource des autres. Il se décharge sur eux du soin des faibles et des petits ; c'est par là qu'ils entrent dans l'ordre des conseils de la sagesse éternelle[6]. Tout ce qu'il y a de réel dans leur grandeur, c'est l'usage qu'ils en doivent faire pour ceux qui souffrent ; c'est le seul trait de distinction que Dieu ait mis en nous : ils ne sont que les ministres de sa bonté et de sa providence et ils perdent le droit et le titre qui les fait grands dès qu'ils ne veulent l'être que pour eux-mêmes.

L'humanité envers les peuples est donc le premier devoir des grands ; et l'humanité renferme l'affabilité, la protection et les largesses.

Je dis l'affabilité. Oui, Sire, on peut dire que la fierté, qui d'ordinaire est le vice des grands ne devrait être que comme la triste ressource de la roture et de l'obscurité. Il paraîtrait bien plus pardonnable à ceux qui naissent, pour ainsi dire, dans la boue, de s'enfler[7], de se hausser, et de tacher de se mettre, par l'enflure secrète de l'orgueil, de niveau avec ceux au-dessous desquels ils se trouvent si fort par la naissance. Rien ne révolte plus les hommes d'une naissance obscure et vulgaire, que la distance énorme que le hasard a mise entre eux et les grands : ils peuvent toujours se flatter de cette vaine persuasion que la nature a été injuste de les faire naître dans l'obscurité, tandis qu'elle a réservé l'éclat du sang et des titres pour tant d'autres dont le nom fait tout le mérite. Plus ils se trouvent bas, moins ils se croient à leur place. Aussi l'insolence et la hauteur deviennent souvent le partage de la plus vile populace, et plus d'une fois les anciens règnes de la monarchie l'ont vue se soulever, vouloir secouer le joug des nobles et des grands et conjurer[8] leur extinction et leur ruine entière.

Les grands, au contraire, placés si haut par la nature, ne sauraient plus trouver de gloire qu'en s'abaissant : ils n'ont plus de distinction à se donner du côté du rang et de la naissance ; ils ne peuvent s'en donner que par l'affabilité ; et s'il est encore un orgueil qui puisse leur être permis, c'est celui de se rendre humains et accessibles.

Il est vrai même que l'affabilité est comme le caractère inséparable et la plus sûre marque de la grandeur. Les descendants de ces races

6 *Les conseils de la sagesse éternelle* : la providence.

7 *S'enfler* : s'enorgueillir.

8 *Conjurer* : conspirer, préparer la perte de quelqu'un par un complot.

illustres et anciennes, auxquels personne ne dispute la supériorité du nom et l'antiquité de l'origine, ne portent point sur leur front l'orgueil de leur naissance : ils vous la laisseraient ignorer, si elle pouvait être ignorée. Les monuments publics en parlent assez, sans qu'ils en parlent eux-mêmes : on ne sent leur élévation que par une noble simplicité ; ils se rendent encore plus respectables, en ne souffrant qu'avec peine le respect qui leur est dû ; et, parmi tant de titres qui les distinguent, la politesse et l'affabilité est[9] la seule distinction qu'ils affectent. Ceux, au contraire, qui se parent d'une antiquité douteuse, et à qui l'on dispute tout bas l'éclat et les prééminences de leurs ancêtres, craignent toujours qu'on n'ignore la grandeur de leur race, l'ont sans cesse dans la bouche[10], croient en assurer la vérité par une affectation d'orgueil et de hauteur, mettent la fierté à la place des titres et, en exigeant au-delà de ce qui leur est dû, ils font qu'on leur conteste même ce qu'on devrait leur rendre.

En effet, on est moins touché de son élévation quand on est né pour être grand : quiconque est ébloui de ce degré imminent où la naissance et la fortune l'ont placé, c'est-à-dire[11] qu'il n'était pas fait pour monter si haut. Les plus hautes places sont toujours au-dessous des grandes âmes ; rien ne les enfle et ne les éblouit, parce que rien n'est plus haut qu'elles.

La fierté[12] prend donc sa source dans la médiocrité ou n'est plus qu'une ruse qui la cache : c'est une preuve certaine qu'on perdrait en se montrant de trop près. On couvre de la fierté des défauts et des faiblesses que la fierté trahit et manifeste elle-même ; on fait de l'orgueil le supplément, si j'ose parler ainsi, du mérite ; et on ne sait pas que le mérite n'a rien qui lui ressemble moins que l'orgueil.

Aussi les plus grands hommes, Sire, et les plus grands rois ont toujours été les plus affables. Une simple femme thécuite[13] venait exposer simplement à David ses chagrins domestiques[14] ; et si l'éclat du trône

---

9 Accord du verbe au pluriel pour deux noms coordonnés qui entretiennent un rapport de quasi synonymie.

10 *Dans la bouche* : à la bouche.

11 Comprendre : cela signifie que Massillon emploie « c'est-à-dire » au sens propre.

12 En langue classique, le terme « fierté » peut être entendu dans un sens méliorarif (courage, sens de l'honneur) ou bien péjoratif (orgueil, arrogance). C'est le sens péjoratif qui est avéré en contexte.

13 *Thécuite* : de Thécua, ville du royaume de Juda.

14 2 R 14, 4-5 : « Cette femme de Thécua s'étant donc présentée au roi, se jeta à terre devant lui ; et ainsi prosternée, elle lui dit : Seigneur, sauvez-moi. Le roi lui dit : Quelle est votre affaire ? Elle lui répondit : Hélas ! je suis une femme veuve : car mon mari est mort. »

était tempéré par l'affabilité du souverain, l'affabilité du souverain relevait l'éclat et la majesté du trône.

Nos rois, Sire, ne perdent rien à se rendre accessibles : l'amour des peuples leur répond du respect qui leur est dû. Le trône n'est élevé que pour être l'asile de ceux qui viennent implorer votre justice ou votre clémence : plus vous en rendez l'accès facile à vos sujets, plus vous en augmentez l'éclat et la majesté. Et n'est-il pas juste que la nation de l'univers qui aime le plus ses maîtres ait aussi plus de droit de les approcher ? Montrez, Sire, à vos peuples tout ce que le ciel a mis en vous de dons et de talents aimables ; laissez-leur voir de près le bonheur qu'ils attendent de votre règne. Les charmes et la majesté de votre personne, la bonté et la droiture de votre cœur assureront toujours plus les hommages qui sont dus à votre rang, que votre autorité et votre puissance.

Ces princes invisibles et efféminés[15], ces Assuérus[16] devant lesquels c'était un crime digne de mort pour Esther même d'oser paraître sans ordre[17], et dont la seule présence glaçait le sang dans les veines des suppliants, n'étaient plus, vus de près, que de faibles idoles, sans âme, sans vie, sans courage, sans vertu, livrés dans le fond de leur palais à de vils esclaves[18], séparés de tout commerce[19], comme s'ils n'avaient pas été dignes de se montrer aux hommes, ou que des hommes faits comme eux n'eussent pas été dignes de les voir : l'obscurité et la solitude en faisaient toute la majesté.

Il y a dans l'affabilité une sorte de confiance en soi-même qui sied bien aux grands, qui fait qu'on ne craint point de s'avilir en s'abaissant, et qui est comme une espèce de valeur et de courage pacifique ; c'est être faible et timide que d'être inaccessible et fier.

D'ailleurs, Sire, en quoi les princes et les grands qui n'offrent jamais aux peuples qu'un front sévère et dédaigneux sont plus inexcusables, c'est qu'il leur en coûte si peu de se concilier les cœurs : il ne faut pour cela ni effort ni étude ; une seule parole, un sourire gracieux, un seul

---

15 L'imagerie orientale que développe Massillon s'appuie notamment sur le début du livre d'Esther, avec le récit du banquet que le roi Xerxès donne dans la cour de son palais (Est 1, 1-7).

16 Voir le sermon pour le premier dimanche, note 29.

17 Plus qu'au récit biblique, cette précision renvoie à la pièce de Racine (*Esther*, II, 2).

18 Les eunuques, mentionnés notamment dans le livre d'Esther.

19 *Commerce* : relations en société.

regard suffit. Le peuple leur compte tout ; leur rang donne du prix à tout. La seule sérénité du visage du roi, dit l'Écriture, est la vie et la félicité des peuples ; et son air doux et humain est pour le cœur de ses sujets ce que la rosée du soir est pour les terres sèches et arides : *in hilaritate vultus regis, vita ; et clementia ejus quasi imber serotinus*[20].

Et peut-on laisser aliéner[21] des cœurs qu'on peut gagner à si bas prix ? N'est-ce pas s'avilir soi-même que de dépriser[22] à ce point toute l'humanité ? Et mérite-t-on le nom de grand, quand on ne sait pas même sentir ce que valent les hommes ?

La nature n'a-t-elle pas déjà imposé une assez grande peine aux peuples et aux malheureux, de les avoir fait naître dans la dépendance et comme dans l'esclavage ? N'est-ce pas assez que la bassesse ou le malheur de leur condition leur fasse un devoir, et comme une loi, de ramper et de rendre des hommages ? Faut-il encore leur aggraver le joug par le mépris et par une fierté qui en est si digne elle-même[23] ? Ne suffit-il pas que leur dépendance soit une peine ? Faut-il encore les en faire rougir comme d'un crime ? Et si quelqu'un devait être honteux de son état, serait-ce le pauvre qui le souffre[24], ou le grand qui en abuse ?

Il est vrai que souvent c'est l'humeur toute seule, plutôt que l'orgueil, qui efface du front des grands cette sérénité qui les rend accessibles et affables : c'est une inégalité de caprice plus que de fierté[25]. Occupés de leur plaisir, et lassés des hommages, ils ne les reçoivent plus qu'avec dégoût ; il semble que l'affabilité leur devienne un devoir importun, et qui leur est à charge. À force d'être honorés, ils sont fatigués des honneurs qu'on leur rend et ils se dérobent souvent aux hommages publics pour se dérober à la fatigue d'y paraître sensibles. Mais qu'il faut être né dur pour se faire même une peine de paraître humain ! N'est-ce pas une barbarie, non seulement de n'être pas touché, mais de recevoir même avec ennui les marques d'amour et de respect que nous donnent ceux qui nous sont soumis ? N'est-ce pas déclarer tout haut qu'on ne mérite pas l'affection

20 Pr 16, 15 : « Le regard favorable du roi donne la vie, et sa clémence est comme les pluies de l'arrière-saison. »

21 *Aliéner* : « Vendre ou transférer la proprieté d'une chose par quelque manière que ce soit » (Furetière). Le verbe appartient au même champ lexical que « gagner », employé au sens de « acquérir ».

22 *Dépriser* : apprécier au-dessous de son prix, sous-estimer.

23 Comprendre : par une fierté qui est elle-même si digne de mépris.

24 *Souffrir* : supporter.

25 Comprendre : c'est une inégalité qui est due au caprice, plus qu'à l'orgueil.

des peuples, quand on en rebute les plus tendres témoignages ? Peut-on alléguer là-dessus les moments d'humeur et de chagrin que les soins de la grandeur et de l'autorité traînent après soi ? L'humeur[a] est-elle donc le privilège des grands, pour être l'excuse de leurs vices ?

Hélas ! s'il pouvait être quelquefois permis d'être sombre, bizarre, chagrin, à charge aux autres et à soi-même, ce devrait être à ces infortunés que la faim, la misère, les calamités, les nécessités domestiques et tous les plus noirs soucis environnent : ils seraient bien plus dignes d'excuse, si, portant déjà le deuil, l'amertume, le désespoir souvent dans le cœur, ils en laissaient échapper quelques traits au dehors. Mais que les grands, que les heureux du monde, à qui tout rit, et que les joies et les plaisirs accompagnent partout, prétendent tirer de leur félicité même un privilège qui excuse leurs chagrins bizarres et leurs caprices ; qu'il leur soit plus permis d'être fâcheux, inquiets, inabordables, parce qu'ils sont plus heureux ; qu'ils regardent comme un droit acquis à la prospérité d'accabler encore du poids de leur humeur des malheureux qui gémissent déjà sous le joug de leur autorité et de leur puissance ; grand Dieu, serait-ce donc là le privilège des grands, ou la punition du mauvais usage qu'ils font de la grandeur ? Car il est vrai que les caprices et les noirs chagrins semblent être le partage des grands, et l'innocence de la joie et de la sérénité n'est que pour le peuple.

Mais l'affabilité, qui prend sa source dans l'humanité, n'est pas une de ces vertus superficielles qui ne résident que sur le visage ; c'est un sentiment qui naît de la tendresse, de la bonté du cœur. L'affabilité ne serait plus qu'une insulte et une dérision pour les malheureux, si, en leur montrant un visage doux et ouvert, elle leur fermait nos entrailles et ne nous rendait plus accessibles à leur plainte que pour nous rendre plus insensible à leurs peines.

Les malheureux et les opprimés n'ont droit de les[26] approcher que pour trouver auprès d'eux la protection qui leur manque. Oui, mes frères, les lois qui ont pourvu à la défense des faibles ne suffisent pas pour les mettre à couvert de l'injustice et de l'oppression : la misère ose rarement réclamer les lois établies pour la protéger, et le crédit souvent leur impose silence.

C'est donc aux grands à remettre le peuple sous la protection des lois : la veuve, l'orphelin, tous ceux qu'on foule et qu'on opprime, ont un droit

26 *Les* : reprend « les grands ».

acquis à leur crédit et à leur puissance ; elle ne leur est donnée que pour eux[27]. C'est à eux à porter au pied du trône les plaintes et les gémissements de l'opprimé ; ils sont comme le canal de communication et le lien des peuples avec le souverain, puisque le souverain n'est lui-même que le père et le pasteur des peuples[28]. Ainsi ce sont les peuples tout seuls qui donnent aux grands le droit qu'ils ont d'approcher du trône, et c'est pour les peuples tout seuls que le trône lui-même est élevé. En un mot, et les grands et le prince ne sont, pour ainsi dire, que les hommes du peuple.

Mais si, loin d'être les protecteurs de sa faiblesse, les grands et les ministres des rois en sont eux-mêmes les oppresseurs ; s'ils ne sont plus que comme ces tuteurs barbares qui dépouillent eux-mêmes leurs pupilles ; grand Dieu, les clameurs du pauvre et de l'opprimé monteront devant vous ! Vous maudirez ces races cruelles ; vous lancerez vos foudres sur les géants[29] ; vous renverserez tout cet édifice d'orgueil, d'injustice et de prospérité, qui s'était élevé sur les débris de tant de malheureux ; et leur prospérité sera ensevelie sous ses ruines.

Ainsi la prospérité des grands et des ministres des souverains qui ont été les oppresseurs des peuples n'a jamais porté[30] que la honte, l'ignominie et la malédiction à leurs descendants. On a vu sortir de cette tige d'iniquité des rejetons honteux[31], qui ont été l'opprobre de leur nom et de leur siècle. Le Seigneur a soufflé sur l'amas de leurs richesses injustes et l'a dissipé comme de la poussière ; et s'il laisse encore traîner sur la terre des restes infortunés de leur race, c'est pour les faire servir de monuments éternels à ses vengeances et perpétuer la peine d'un crime qui perpétue presque toujours avec lui l'affliction et la misère publique dans les empires.

La protection des faibles est donc le seul usage légitime du crédit et de l'autorité, mais les secours et les largesses qu'ils doivent trouver dans notre abondance forment le dernier caractère de l'humanité.

Oui, mes frères, si c'est Dieu seul qui vous a fait naître ce que vous êtes, quel a pu être son dessein en répandant avec tant de profusion sur vous les biens de la terre ? A-t-il voulu vous faciliter le luxe, les passions

27 Comprendre : la puissance ne leur est donnée que pour ceux qu'on opprime.

28 *Le pasteur des peuples* : le guide des peuples. En langue classique, le terme « pasteur » n'est déjà plus en usage que dans un contexte religieux.

29 Référence mythologique plutôt que biblique.

30 *Porter* : apporter.

31 *Honteux* : indigne.

et les plaisirs qu'il condamne ? Sont-ce des présents qu'il vous a faits dans sa colère ? Si cela est, si c'est pour vous seuls qu'il vous a fait naître dans la prospérité et dans l'opulence, jouissez-en, à la bonne heure ; faites-vous, si vous le pouvez, une injuste félicité sur la terre ; vivez comme si tout était fait pour vous ; multipliez vos plaisirs[32]. Hâtez-vous de jouir, le temps est court. N'attendez plus rien au-delà que la mort et le jugement : vous avez reçu ici-bas votre récompense.

Mais si, dans les desseins de Dieu, vos biens doivent être les ressources et les facilités de votre salut, il ne laisse donc des pauvres et des malheureux sur la terre que pour vous : vous leur tenez donc ici-bas la place de Dieu même ; vous êtes, pour ainsi dire, leur providence visible ; ils ont droit de vous réclamer[33] et de vous exposer leurs besoins ; vos biens sont leurs biens, et vos largesses le seul patrimoine que Dieu leur ait assigné sur la terre.

SECONDE PARTIE

Et qu'y a-t-il dans votre état de plus digne d'envie que le pouvoir de faire des heureux ? Si l'humanité envers les peuples est le premier devoir des grands, n'est-elle pas aussi l'usage le plus délicieux de la grandeur ?

Quand toute la religion ne serait pas elle-même un motif universel de charité envers nos frères, et que notre humanité à leur égard ne serait payée que par le plaisir de faire des heureux et de soulager ceux qui souffrent, en faudrait-il davantage pour un bon cœur ? Quiconque n'est pas sensible à un plaisir si vrai, si touchant, si digne du cœur, il[34] n'est pas né grand, il ne mérite pas même d'être homme. Qu'on est digne de mépris, dit saint Ambroise, quand on peut faire des heureux, et qu'on ne le veut pas ! *Infelix cujus in potestate est tantorum animas a morte defendere, et non est voluntas*[35].

32 Voir notamment Jb 21, 7-34.

33 *Réclamer* : appeler quelqu'un à son secours.

34 La reprise de « quiconque », en fonction sujet, par le pronom personnel « il » est fréquente en langue classique.

35 Saint Ambroise, *De Nabuthae* (*Histoire de Naboth*) : « Malheureux celui qui a le pouvoir de défendre tant d'âmes contre la mort mais qui n'en a pas la volonté ».

Il semble même que c'est une malédiction attachée à la grandeur. Les personnes nées dans une fortune obscure et privée n'envient dans les grands que le pouvoir de faire des grâces et de contribuer à la félicité d'autrui ; on sent qu'à leur place on serait trop heureux de répandre la joie et l'allégresse dans les cœurs en y répandant des bienfaits et de s'assurer pour toujours leur amour et leur reconnaissance. Si, dans une condition médiocre, on forme quelquefois de ces désirs chimériques de parvenir à de grandes places, le premier usage qu'on se propose de cette nouvelle élévation, c'est d'être bienfaisant et d'en faire part à tous ceux qui nous environnent : c'est la première leçon de la nature et le premier sentiment que les hommes du commun trouvent en eux. Ce n'est que dans les grands seuls qu'il est éteint : il semble que la grandeur leur donne un autre cœur, plus dur et plus insensible que celui du reste des hommes ; que plus on est à portée de soulager des malheureux, moins on est touché de leurs misères ; que plus on est le maître de s'attirer l'amour et la bienveillance des hommes, moins on en fait cas ; et qu'il suffit de pouvoir tout pour n'être touché de rien.

Mais quel usage plus doux et plus flatteur, mes frères, pourriez-vous faire de votre élévation et de votre opulence ? Vous attirer des hommages ? Mais l'orgueil lui-même s'en lasse. Commander aux hommes et leur donner des lois ? Mais ce sont là les soins de l'autorité, ce n'en est pas le plaisir. Voir autour de vous multiplier à l'infini vos serviteurs et vos esclaves ? Mais ce sont des témoins qui vous embarrassent et vous gênent plutôt qu'une pompe qui vous décore[36]. Habiter des palais somptueux ? Mais vous vous édifiez, dit Job, des solitudes[37] où les soucis et les noirs chagrins viennent bientôt habiter avec vous[38]. Y rassembler tous les plaisirs ? Ils peuvent remplir ces vastes édifices, mais ils laisseront toujours votre cœur vide. Trouver tous les jours dans votre opulence de nouvelles ressources à vos caprices ? La variété des ressources tarit bientôt ; tout est bientôt épuisé ; il faut revenir sur ses pas, et recommencer sans cesse ce que

36 *Décorer* : honorer. Valeur d'emploi rare pour ce verbe, usuellement appliqué à un objet et signifiant « orner ».

37 *Solitude* : « Lieu désert et inhabité, ou séparé du monde » (Furetière). Le mot peut-être employé avec cette valeur concrète, notamment au pluriel, ou bien dans son sens moral pour désigner un sentiment d'isolement, voire d'abandon.

38 Jb 3, 14 : « avec les rois et les consuls de la terre, qui durant leur vie se bâtissent des tombeaux dans les solitudes ».

l'ennui rend insipide et ce que l'oisiveté a rendu nécessaire. Employez tant qu'il vous plaira vos biens et votre autorité à tous les usages que l'orgueil et les plaisirs peuvent inventer : vous serez rassasiés, mais vous ne serez pas satisfaits ; ils vous montreront la joie, mais ils ne la laisseront pas dans votre cœur.

Employez-les à faire des heureux, à rendre la vie plus douce et plus supportable à des infortunés que l'excès de la misère a peut-être réduits mille fois à souhaiter, comme Job, que le jour qui les vit naître eût été lui-même la nuit éternelle de leur tombeau[39] : vous sentirez alors le plaisir d'être nés grands, vous goûterez la véritable douceur de votre état ; c'est le seul privilège qui le rend digne d'envie. Toute cette vaine montre[40] qui vous environne est pour les autres ; ce plaisir est pour vous seuls. Tout le reste a ses amertumes ; ce plaisir seul les adoucit toutes. La joie de faire du bien est tout autrement douce et touchante que la joie de le recevoir. Revenez-y encore, c'est un plaisir qui ne s'use point : plus on le goûte, plus on se rend digne de le goûter. On s'accoutume à sa prospérité propre et on y devient insensible, mais on sent toujours la joie d'être l'auteur de la prospérité d'autrui : chaque bienfait porte avec lui ce tribut doux et secret dans notre âme[41] ; le long usage qui endurcit le cœur à tous les plaisirs le rend ici tous les jours plus sensible.

Et qu'a la majesté du trône elle-même, Sire, de plus délicieux que le pouvoir de faire des grâces[42] ? Que serait la puissance des rois, s'ils se condamnaient à en jouir tout seuls ? Une triste solitude, l'horreur des sujets, et le supplice du souverain[43]. C'est l'usage de l'autorité qui en fait le plus doux plaisir ; et le plus doux usage de l'autorité, c'est la clémence et la libéralité qui la rendent aimable.

Nouvelle raison. Outre le plaisir de faire du bien, qui nous paye comptant de notre bienfait, montrez de la douceur et de l'humanité dans l'usage de votre puissance, dit l'Esprit de Dieu, et c'est la gloire la plus

39 Jb 3, : « Puisse périr le jour auquel je suis né, et la nuit en laquelle il a été dit : un homme est conçu ! »

40 *Montre* : étalage, ostentation.

41 Comprendre : chaque bienfait accordé à autrui apporte la joie, comme une forme de rétribution.

42 *Faire des grâces* : accorder des faveurs.

43 L'enchaînement des idées est elliptique. Le passage peut se comprendre ainsi : l'exercice du pouvoir royal sans attention à autrui provoquerait la séparation du roi et de ses sujets puisque ceux-ci seraient terrifiés. Le roi subirait alors le malheur de la solitude.

sûre et la plus durable où les grands puissent atteindre : *in mansuetudine, opera tua perfice, et super hominum gloriam diligeris*[44].

Non, Sire, ce n'est pas le rang, les titres, la puissance, qui rendent les souverains aimables ; ce n'est pas même les talents glorieux que le monde admire, la valeur, la supériorité du génie, l'art de manier les esprits et de gouverner les peuples : ces grands talents ne les rendent aimables à leurs sujets qu'autant qu'ils les rendent humains et bienfaisants. Vous ne serez grand qu'autant que vous leur serez cher : l'amour des peuples a toujours été la gloire la plus réelle et la moins équivoque des souverains et les peuples n'aiment guère dans les souverains que les vertus qui rendent leur règne heureux.

Et, en effet, est-il pour les princes une gloire plus pure et plus touchante que celle de régner sur les cœurs ? La gloire des conquêtes est toujours souillée de sang ; c'est le carnage et la mort qui nous y conduit ; et il faut faire des malheureux pour se l'assurer. L'appareil qui l'environne est funeste et lugubre et souvent le conquérant lui-même, s'il est humain, est forcé de verser des larmes sur ses propres victoires.

Mais la gloire, Sire, d'être cher à son peuple et de le rendre heureux, n'est environnée que de la joie et de l'abondance ; il ne faut point élever de statues et de colonnes superbes pour l'immortaliser ; elle s'élève dans le cœur de chaque sujet un monument plus durable que l'airain et le bronze, parce que l'amour dont il est l'ouvrage est plus fort que la mort. Le titre de conquérant n'est écrit que sur le marbre ; le titre de père du peuple est gravé dans les cœurs.

Et quelle félicité pour le souverain de regarder son royaume comme sa famille, ses sujets comme ses enfants ; de compter que leurs cœurs sont encore plus à lui que leurs biens et leurs personnes, et de voir, pour ainsi dire, ratifier chaque jour le premier choix de la nation qui éleva ses ancêtres sur le trône ! La gloire des conquêtes et des triomphes a-t-elle rien qui égale ce plaisir ? Mais de plus, Sire, si la gloire des conquérant vous touche, commencez par gagner les cœurs de vos sujets : cette conquête vous répond de celle de l'univers. Un roi cher à une nation valeureuse comme la vôtre n'a plus rien à craindre que l'excès de ses prospérités et de ses victoires.

Écoutez cette multitude que Jésus-Christ rassasie aujourd'hui dans le désert. Ils veulent l'établir roi sur eux : *ut raperent eum, et facerent eum*

---

44 Si 3, 17 : « Mon fils, conduis tes affaires avec douceur, et tu seras plus aimé qu'un homme munificent ».

regem[45] ; ils lui dressent déjà un trône dans leur cœur, ne pouvant le faire remonter encore sur celui de David et des rois de Juda ses ancêtres[46] : ils ne reconnaissent son droit à la royauté que par son humanité. Ah ! si les hommes se donnaient des maîtres, ce ne serait ni les plus nobles ni les plus vaillants qu'ils choisiraient ; ce serait les plus tendres, les plus humains, des maîtres qui fussent en même temps leurs pères.

Heureuse la nation, grand Dieu, à qui vous destinez dans votre miséricorde un souverain de ce caractère ! D'heureux présages semblent nous le promettre : la clémence et la majesté, peintes sur le front de cet auguste enfant, nous annoncent déjà la félicité de nos peuples ; ses inclinations douces et bienfaisantes rassurent et font croître tous les jours nos espérances. Cultivez donc, ô mon Dieu, ces premiers gages de notre bonheur : rendez-le aussi tendre pour ses peuples que le prince pieux auquel il doit la naissance et que vous n'avez fait que montrer à la terre[47]. Il ne voulait régner, vous le savez, que pour nous rendre heureux ; nos misères étaient ses misères, nos afflictions étaient les siennes ; et son cœur ne faisait qu'un avec le nôtre. Que la clémence et la miséricorde croissent donc avec l'âge dans cet enfant précieux et coulent en lui avec le sang d'un père si humain et si miséricordieux ! Que la douceur et la majesté de son front soient toujours une image de celle de son âme ! Que son peuple lui soit aussi cher qu'il est lui-même cher à son peuple ! Qu'il prenne dans la tendresse de la nation pour lui la règle et la mesure de l'amour qu'il doit avoir pour elle ! Par là il sera aussi grand que son bisaïeul[48], plus glorieux que tous ses ancêtres, et son humanité sera la source de notre félicité sur la terre et de son bonheur dans le ciel. Ainsi soit-il.

---

45 Jn 6, 15 : « Mais Jésus sachant qu'ils devaient venir l'enlever pour le faire roi, s'enfuit encore sur la montagne, lui seul. »

46 Référence à la généalogie davidique de Jésus (Mt 1, 1-17).

47 Le duc de Bourgogne, père de Louis XV.

48 Louis XIV.

SERMON POUR LE JOUR DE L'INCARNATION

Sur les caractères de la grandeur de Jésus-Christ

Hic erit magnus.
« Il sera grand. »
(Lc 1, 32)

Sire,

Quand les hommes augurent d'un jeune prince qu'il sera grand, cette idée ne réveille en eux que des victoires et des prospérités temporelles[1] ; ils n'établissent sa grandeur future que sur des malheurs publics ; et les mêmes signes qui annoncent l'éclat de sa gloire sont comme des présages sinistres qui ne promettent que des calamités au reste de la terre.

Mais ce n'est pas à ces marques vaines et lugubres de grandeur que l'ange annonce aujourd'hui à Marie que Jésus-Christ sera grand : le langage du ciel et de la vérité ne ressemble pas à l'erreur et à la vanité des adulations humaines, et Dieu ne parle point comme l'homme.

Jésus-Christ sera grand, parce qu'il sera le Saint et le Fils de Dieu, *Sanctum, vocabitur Filius Dei*[2] ; parce qu'il sauvera son peuple, *ipse enim salvum faciet populum suum*[3] ; parce que son règne ne finira plus, *et, regni ejus non erit finis*[4]. Tels sont les caractères de sa grandeur : une grandeur de sainteté, une grandeur de miséricorde, une grandeur de perpétuité et de durée.

---

1 Le verbe « réveiller » est ici employé avec des compléments indiquant des objets concrets, ce qui n'est pas son usage ordinaire. Comprendre : cette idée ne réveille en eux que des espoirs de victoire et de prospérité temporelle.

2 Lc 1, 35.

3 Mt 1, 21.

4 Lc 1, 33.

Et voilà les caractères de la véritable grandeur. Ce n'est pas, Sire, dans l'élévation de la naissance, dans l'éclat des titres et des victoires, dans l'étendue de la puissance et de l'autorité que les princes et les grands doivent la chercher : ils ne seront grands, comme Jésus-Christ, qu'autant qu'ils seront saints, qu'ils seront utiles aux peuples, et que leur vie et leur règne deviendra[5] un modèle qui se perpétuera dans tous les siècles, c'est-à-dire qu'ils auront comme Jésus-Christ une grandeur de sainteté, une grandeur de miséricorde, une grandeur de perpétuité et de durée.

PREMIÈRE PARTIE

Sire,

L'origine éternelle de Jésus-Christ, son titre de Fils de Dieu, qui est le titre essentiel de sa sainteté, l'est est aussi de sa grandeur et de son éminence. Il n'est pas appelé grand parce qu'il compte des rois et des patriarches parmi ses ancêtres[6] et que le sang le plus auguste de l'univers coule dans ses veines ; il est grand parce qu'il est le Saint et le Fils du Très-Haut : toute sa grandeur a sa source dans le sein de Dieu, dont il est sorti ; et le grand mystère de ses voies éternelles, qui se manifeste aujourd'hui[7], va puiser tout son éclat dans sa naissance divine.

Nous n'avons de grand que ce qui nous vient de Dieu. Oui, mes frères, que les grands se vantent d'avoir comme Jésus-Christ des princes et des rois parmi leurs ancêtres : s'ils n'ont point d'autre gloire que celle de leurs aïeux, si toute leur grandeur est dans leur nom, si leurs titres sont leurs uniques vertus, s'il faut rappeler les siècles passés pour les trouver dignes de nos hommages, leur naissance les avilit et les déshonore, même selon le monde. On oppose sans cesse leur nom à leur personne ; le souvenir de leurs aïeux devient leur opprobre ; les histoires où sont écrites les grandes actions de leurs pères ne sont plus que des témoins

---

5 Accord du verbe au singulier : les deux éléments du groupe « leur vie et leur règne » sont considérés comme une seule entité.

6 Allusion à la généalogie de Jésus en Mt 1, 1-17.

7 En ce jour de la fête de l'Incarnation.

qui déposent contre eux[8]. On cherche ces glorieux ancêtres dans leurs indignes successeurs, on redemande à leurs noms les vertus qui ont autrefois honoré la patrie ; et cet amas de gloire dont ils ont hérité n'est plus qu'un poids de honte qui les flétrit et qui les accable[9].

Cependant la plupart portent sur leur front l'orgueil de leur origine. Ils comptent les degrés de leur grandeur par des siècles qui ne sont plus, par des dignités qu'ils ne possèdent plus, par des actions qu'ils n'ont point faites, par des aïeux dont il ne reste qu'une vile poussière, par des monuments que les temps ont effacés, et se croient au-dessus des autres hommes parce qu'il leur reste plus de débris domestiques de la rapidité des temps et qu'ils peuvent produire plus de titres que les autres hommes de la vanité des choses humaines.

Sans doute une haute naissance est une prérogative illustre à laquelle le consentement des nations a attaché de tout temps des distinctions d'honneur et d'hommage, mais ce n'est qu'un titre, ce n'est pas une vertu ; c'est un engagement à la gloire, ce n'est pas elle qui la donne[10] ; c'est une leçon domestique et un motif honorable de grandeur, mais ce n'est pas ce qui nous fait grands ; c'est une succession d'honneur et de mérite, mais elle manque[11] et s'éteint en nous dès que nous héritons du nom sans hériter des vertus qui l'ont rendu illustre. Nous commençons, pour ainsi dire, une nouvelle race ; nous devenons des hommes nouveaux ; la noblesse n'est plus que pour notre nom, et la roture pour notre personne.

Mais si, devant le monde même, la naissance sans la vertu n'est plus qu'un vain titre qui nous reproche sans cesse notre oisiveté et notre bassesse, qu'est-elle devant Dieu, qui ne voit de grand et de réel en nous que les dons de sa grâce et de son esprit qu'il y a mis lui-même ?

C'est donc notre naissance selon la foi qui fait le plus glorieux de tous nos titres. Nous ne sommes grands que parce que nous sommes, comme Jésus-Christ, enfants de Dieu et que nous soutenons la noblesse et l'excellence d'une si haute origine. C'est elle qui élève le chrétien au-dessus des rois et des princes de la terre ; c'est par elle que nous

8 L'ensemble de ce passage est à rapprocher de la *Satire V* de Boileau (parue en 1664). Voir en particulier : « Ce long amas d'aïeux que vous diffamez tous, / Sont autant de témoins qui parlent contre vous » (*Œuvres complètes*, Paris, Gallimard, 1966, p. 30-33, ici p. 31).

9 Voir Boileau, *Satire V* : « Que sert ce vain amas d'une inutile gloire ? » (*op. cit.*, p. 30).

10 « Elle » renvoie à « une haute naissance », tandis que « la » renvoie à « la gloire ».

11 *Manquer* : faire défaut.

entrons aujourd'hui dans tous les droits de Jésus-Christ, que tout est à nous, que tout l'univers n'est que pour nous, que les patriarches et tous les élus des siècles passés sont nos ancêtres, que nous devenons héritiers d'un royaume éternel, que nous jugerons les anges et les hommes, et que nous verrons un jour à nos pieds toutes les nations et les puissances du siècle.

Telle est, Sire, la prérogative des enfants de Dieu. Aussi nos rois ont mis le titre de chrétien à la tête de tous les titres qui entourent et ennoblissent leur couronne ; et le plus saint de vos prédécesseurs[12] n'allait pas chercher la source et l'origine de sa grandeur dans le nombre des villes et des provinces soumises à son empire, mais dans le lieu seul où il avait été mis par le baptême au nombre des enfants de Dieu.

Mais, Sire, ce n'est pas assez, dit saint Jean, d'en porter le nom, il faut l'être en effet : *ut filii Dei nominemur et simus*[13]. Si les enfants des rois, dégénérant de leur auguste naissance, n'avaient que des inclinations basses et vulgaires ; s'ils se proposaient la fortune[14] d'un vil artisan comme l'objet le plus digne de leur cœur, et seul capable de remplir leurs grandes destinées ; si, perdant de vue le trône où ils doivent un jour être élevés, ils ne connaissaient rien de plus grand que de ramper dans la boue et d'être confondus par leurs sentiments et leurs occupations avec la plus vile populace ; quel opprobre pour leur nom et pour la nation qui attendrait de tels maîtres !

Tels, et encore plus coupables, Sire, sont les enfants de Dieu quand ils se dégradent jusqu'à vivre comme les enfants du siècle. La grâce de votre baptême vous a élevé encore plus haut que la gloire de votre naissance, quoiqu'elle soit la plus auguste de l'univers. Par celle-ci vous n'êtes qu'un roi temporel ; l'autre vous rend héritier d'un royaume éternel. La première ne vous fait que l'enfant des rois ; par l'autre vous êtes devenu l'enfant de Dieu. Tous les jours nous voyons croître et se développer dans Votre Majesté des sentiments et des inclinations dignes de la naissance que vous avez eue[15] des rois vos ancêtres ; mais ce ne serait rien, si vous n'en

12 Louis IX, communément appelé saint Louis. La périphrase « dans le lieu seul où il avait été mis par le baptême au nombre des enfants de Dieu » désigne Poissy, où Louis IX est né et a été baptisé en 1214. La tradition des vies de saints rapporte que le roi signait « Louis de Poissy », en souvenir de son baptême.

13 1 Jn 3, 1 : « que nous soyons appelés, et que nous soyons en effet enfants de Dieu ».

14 *La fortune* : ici, la vie, l'état.

15 *La naissance que vous avez eue* : la noblesse que vous avez reçue.

montriez encore qui répondissent à la grandeur de la naissance que vous tenez de Dieu, lequel vous a mis par le baptême au nombre de ses enfants.

Or, par tout ce qu'exige une naissance royale, jugez, Sire, de ce que doit exiger une naissance toute divine. Si les enfants des rois doivent être au-dessus des autres hommes ; si la moindre bassesse les déshonore ; si le plus léger défaut de courage est une tâche qui flétrit tout l'éclat de leur naissance ; si on leur fait un crime d'une simple inégalité d'humeur ; s'il faut qu'ils soient plus vaillants, plus sages, plus circonspects, plus doux, plus affables, plus humains, plus grands que le reste des hommes ; si le monde exige tant des enfants de la terre : qu'est-ce que Dieu ne doit pas demander des enfants du ciel ! Quelle innocence, quelle pureté de désir, quelle élévation de sentiments, quelle supériorité au-dessus des sens et des passions, quel mépris pour tout ce qui n'est pas éternel ! Qu'il faut être grand pour soutenir l'éminence d'une si haute origine ! Premier caractère de la grandeur de Jésus-Christ, une grandeur de sainteté : *hic erit magnus, et filius Altissimi vocabitur*[16].

DEUXIÈME PARTIE

Mais, en second lieu, il sera grand parce qu'il sauvera son peuple : *ipse enim salvum faciet populum suum*[17]. Second caractère de sa grandeur, une grandeur de miséricorde.

Il ne descend sur la terre que pour combler les hommes de ses bienfaits. Nous étions sous la servitude et sous la malédiction[18] ; et il vient rompre nos chaînes et nous mettre en liberté. Nous étions ennemis de Dieu et étrangers à ses promesses ; et il vient nous réconcilier avec lui, et nous rendre concitoyens des saints et enfants d'une nouvelle alliance. Nous vivions sans loi, sans joug, sans Dieu dans ce monde ; et il vient être notre loi, notre vérité, notre justice, et répandre l'abondance de ses dons et de ses grâces sur tout l'univers. En un mot, il vient renouveler

16 Lc 1, 32 : « Il sera grand, et sera appelé le Fils du Très-Haut ». Massillon reprend les citations latines par lesquelles il a annoncé le plan du sermon en introduction.

17 Mt 1, 21.

18 La servitude, la malédiction, les chaînes du péché.

toute la nature, sanctifier ce qui était souillé[19], fortifier ce qui était faible, sauver ce qui était perdu[20], réunir ce qui a été divisé. Quelle grandeur, car il n'y a rien de si grand que de pouvoir être utile à tous les hommes !

Et telle est la grandeur où les princes et les souverains, et tout ce qui porte le nom de grand sur la terre[21] doit aspirer : ils ne peuvent être grands qu'en se rendant utiles aux peuples, et leur portant, comme Jésus-Christ, la liberté, la paix et l'abondance.

Je dis la liberté, non celle qui favorise les passions et la licence : c'est un nouveau joug et une servitude honteuse que ce funeste libertinage[22], et la règle des mœurs est le premier principe de la félicité et de l'affermissement des empires. Ce n'est pas celle[23] encore, ou qui s'élève contre l'autorité légitime, ou qui veut partager avec le souverain celle qui réside en lui seul et, sous prétexte de la modérer, l'anéantir et l'éteindre. Il n'y a de bonheur pour les peuples que dans l'ordre et dans la soumission. Pour peu qu'ils s'écartent du point fixe de l'obéissance, le gouvernement n'a plus de règle ; chacun veut être à lui-même sa loi ; la confusion, les troubles, les dissensions, les attentats, l'impunité, naissent bientôt de l'indépendance et les souverains ne sauraient rendre leurs sujets heureux qu'en les tenant soumis à l'autorité, et en leur rendant en même temps l'assujettissement doux et aimable.

La liberté, Sire, que les princes doivent à leurs peuples, c'est la liberté des lois. Vous êtes le maître de la vie et de la fortune de vos sujets, mais vous ne pouvez en disposer que selon les lois. Vous ne connaissez que Dieu seul au-dessus de vous, il est vrai ; mais les lois doivent avoir plus d'autorité que vous-même. Vous ne commandez pas à des esclaves, vous commandez à une nation libre et belliqueuse[24], aussi jalouse de sa liberté que de sa fidélité, et dont la soumission est d'autant plus sûre qu'elle est fondée sur l'amour qu'elle a pour ses maîtres. Ses rois

---

19 Hymne de Pentecôte, *Veni Sancte Spiritus*.

20 Lc 19, 10.

21 Accord du verbe au singulier pour un sujet pluriel, en raison de la reprise par le pronom « tout ».

22 Le mot « libertinage » désigne en langue classique « l'état d'une personne qui témoigne peu de respect pour les choses de la religion » (*Dic. Académie*) ou bien la débauche. Dans ce passage, c'est la deuxième valeur d'emploi qui est avérée.

23 Ce n'est pas celle [...] ou qui veut partager avec le souverain celle qui [...] : la première occurrence de « celle » reprend « la liberté », tandis que la seconde renvoie à « l'autorité ».

24 Emploi mélioratif de l'adjectif « belliqueux », qui correspond à une représentation martiale du peuple français (*cf.* Furetière : « Les français sont des peuples belliqueux »).

peuvent tout sur elle, parce que sa tendresse et sa fidélité ne mettent point de bornes à son obéissance; mais il faut que ses rois en mettent eux-mêmes à leur autorité, et que plus son amour ne connaît point d'autre loi qu'une soumission aveugle, plus ses rois n'exigent de sa soumission que ce que les lois leur permettent d'en exiger. Autrement, ils ne sont plus les pères et les protecteurs de leurs peuples, ils en sont les ennemis et les oppresseurs; ils ne règnent pas sur leurs sujets, ils les subjuguent[25].

La puissance de votre auguste bisaïeul[26] sur la nation a passé celle de tous les rois vos ancêtres : un règne long et glorieux l'avait affermie, sa haute sagesse la soutenait et l'amour de ses sujets n'y mettait presque plus de bornes. Cependant il a su plus d'une fois la faire céder aux lois, les prendre pour arbitres entre lui et ses sujets et soumettre noblement ses intérêts à leurs décisions.

Ce n'est donc pas le souverain, c'est la loi, Sire, qui doit régner sur les peuples. Vous n'en êtes que le ministre et le premier dépositaire. C'est elle qui doit régler l'usage de l'autorité; et c'est par elle que l'autorité n'est plus un joug pour les sujets, mais une règle qui les conduit, un secours qui les protège, une vigilance paternelle qui ne s'assure leur soumission que parce qu'elle s'assure leur tendresse. Les hommes croient être libres quand ils ne sont gouvernés que par les lois : leur soumission fait alors tout leur bonheur, parce qu'elle fait toute leur tranquillité et toute leur confiance; les passions, les volontés injustes, les désirs excessifs et ambitieux que les princes mêlent à l'usage de l'autorité, loin de l'étendre, l'affaiblissent; ils deviennent moins puissants dès qu'ils veulent l'être plus que les lois; ils perdent en croyant gagner. Tout ce qui rend l'autorité injuste et odieuse l'énerve[27] et la diminue. La source de leur puissance est dans le cœur de leurs sujets, et quelque absolus qu'ils paraissent, on peut dire qu'ils perdent leur véritable pouvoir, dès qu'ils perdent l'amour de ceux qui les servent.

J'ai dit encore la paix et l'abondance, qui sont toujours les fruits heureux de la liberté dont nous venons de parler, et voilà les biens que Jésus-Christ vient apporter sur la terre : il n'est grand que parce qu'il est le bienfaiteur de tous les hommes.

25 *Subjuguer* : mettre sous le joug, réduire à la soumission.
26 Louis XIV.
27 *Énerver* : affaiblir.

Oui, Sire, il faut être utile aux hommes pour être grand dans l'opinion des hommes. C'est la reconnaissance qui les porta autrefois à se faire des dieux même de leurs bienfaiteurs : ils adorèrent la terre qui les nourrissait, le soleil qui les éclairait, des princes bienfaisants, un Jupiter roi de Crète[28], un Osiris roi d'Égypte[29], qui avaient donné des lois sages à leurs sujets, qui avaient été les pères de leurs peuples, et les avaient rendu heureux pendant leur règne ; l'amour et le respect qu'inspire la reconnaissance fut si vif qu'il dégénéra même en culte.

Il faut mettre les hommes dans les intérêts de notre gloire, si nous voulons qu'elle soit immortelle, et nous ne pouvons les y mettre que par nos bienfaits. Les grands talents et les titres qui nous élèvent au-dessus d'eux et qui ne font rien à leur bonheur, les éblouissent sans les toucher et deviennent plutôt l'objet de l'envie que de l'affection et de l'estime publique. Les louanges que nous donnons aux autres se rapportent toujours par quelque endroit à nous-mêmes : c'est l'intérêt ou la vanité qui en sont les sources secrètes car tous les hommes sont vains et n'agissent presque que pour eux, et d'ordinaire ils n'aiment pas à donner en pure perte des louanges qui les humilient et qui sont comme des aveux publics de la supériorité qu'on a sur eux ; mais la reconnaissance l'emporte sur la vanité, et l'orgueil souffre sans peine que nos bienfaiteurs soient en même temps nos supérieurs et nos maîtres.

Non, Sire, un prince qui n'a eu que des vertus militaires n'est pas assuré d'être grand dans la postérité. Il n'a travaillé que pour lui, il n'a rien fait pour ses peuples, et ce sont les peuples qui assurent toujours la gloire et la grandeur du souverain. Il pourra passer pour un grand conquérant, mais on ne le regardera jamais comme un grand roi ; il aura gagné des batailles, mais il n'aura pas gagné le cœur de ses sujets : il aura conquis des provinces étrangères ; mais il aura épuisé les siennes : en un mot, il aura conduit habilement des armées, mais il aura mal gouverné ses sujets.

Mais, Sire, un prince qui n'a cherché sa gloire que dans le bonheur de ses sujets, qui a préféré la paix et la tranquillité, qui seule peut les rendre heureux, à des victoires qui n'eussent été que pour

---

28 Dans la mythologie gréco-romaine, Jupiter, roi des dieux, se transforme en taureau pour enlever Europe et l'emmener jusqu'à l'île de Crète. C'est généralement son fils Minos qui est présenté comme un roi juste.

29 Dans l'Égypte antique, le dieu Osiris est représenté comme le premier roi, dont les pharaons sont les successeurs.

lui seul et qui n'auraient abouti qu'à flatter sa vanité ; un prince qui ne s'est regardé que comme l'homme de ses peuples, qui a cru que ses trésors les plus précieux étaient les cœurs de ses sujets ; un prince qui, par la sagesse de ses lois et de ses exemples, a banni les désordres de son état, corrigé les abus, conservé la bienséance des mœurs publiques, maintenu chacun à sa place, réprimé le luxe et la licence, toujours plus funestes aux empires que les guerres et les calamités les plus tristes ; rendu au culte et à la religion de ses pères l'autorité, l'éclat, la majesté, l'uniformité qui en perpétuent le respect parmi les peuples ; maintenu le sacré dépôt de la foi contre toutes les entreprises des esprits indociles et inquiets ; qui a regardé ses sujets comme ses enfants, son royaume comme sa famille, et qui n'a usé de sa puissance que pour la félicité de ceux qui la lui avaient confiée : un prince de ce caractère sera toujours grand, parce qu'il l'est dans le cœur des peuples. Les pères raconteront à leurs enfants le bonheur qu'ils eurent de vivre sous un si bon maître ; ceux-ci le rediront à leurs neveux et, dans chaque famille, ce souvenir, conservé d'âge en âge, deviendra comme un monument domestique élevé dans l'enceinte des murs paternels, qui perpétuera la mémoire d'un si bon roi dans tous les siècles.

Non, Sire, ce ne sont pas les statues et les inscriptions qui immortalisent les princes ; elles deviennent tôt ou tard le triste jouet des temps et de la vicissitude des choses humaines. En vain Rome et la Grèce avaient autrefois multiplié à l'infini les images de leurs rois et de leurs Césars, et épuisé toute la science de l'art pour les rendre plus précieuses aux siècles suivants ; de tous ces monuments superbes, à peine un seul est venu jusqu'à nous. Ce qui n'est écrit que sur le marbre et sur l'airain est bientôt effacé ; ce qui est écrit dans les cœurs demeure toujours.

TROISIÈME PARTIE

Aussi le dernier caractère de la grandeur de Jésus-Christ, c'est la durée et la perpétuité de son règne : *et regni ejus non erit finis*[30]. Il était hier, il est aujourd'hui et il sera dans tous les siècles[31] : ses bienfaits perpétueront sa royauté et sa puissance. Les hommes de tous les temps le reconnaîtront, l'adoreront comme leur chef, leur libérateur, leur pontife toujours vivant, et qui s'offre toujours pour nous à son père : il sera même le prince de l'éternité, il régnera sur tous les élus dans le ciel, et l'Église triomphante ne sera pas moins son royaume et son héritage que celle qui combat sur la terre[a]. C'est ici une grandeur de perpétuité et de durée.

En effet, la gloire qui doit finir avec nous est toujours fausse. Elle était donnée à nos titres plus qu'à nos vertus : c'était un faux éclat qui environnait nos places, mais qui ne sortait pas de nous-mêmes. Nous étions sans cesse entourés d'admirateurs et vides au-dedans des qualités qu'on admire. Cette gloire était le fruit de l'erreur et de l'adulation, et il n'est pas étonnant de la voir finir avec elles. Telle est la gloire de la plupart des princes et des grands. On honore leurs cendres encore fumantes d'un reste d'éloge[32] ; on ajoute encore cette vaine décoration à celle de leur pompe funèbre. Mais tout s'éclipse et s'évanouit le lendemain : on a honte des louanges qu'on leur a données ; c'est un langage suranné et insipide qu'on n'oserait plus parler ; on en voit presque rougir les monuments publics où elles sont encore écrites et où elles ne semblent subsister que pour rappeler publiquement un souvenir qui les désavoue. Ainsi des adulations ne survivent jamais à leurs héros, et les éloges mercenaires, loin d'immortaliser la gloire des princes, n'immortalisent que la bassesse, l'intérêt et la lâcheté de ceux qui ont été capables de les donner.

Pour connaître la grandeur véritable des souverains et des grands, il faut la chercher dans les siècles qui sont venus après eux. Plus même ils s'éloignent de nous, plus leur gloire croît et s'affermit, lorsqu'elle a pris

30 Texte liturgique, symbole de Nicée : « Et son règne n'aura pas de fin ».

31 He 13, 8.

32 Référence aux oraisons funèbres.

sa source dans l'amour des peuples. On dispute encore aujourd'hui à un de vos plus vaillants prédécesseurs[33] les éloges magnifiques que son siècle lui donna à l'envi ; et, malgré la gloire de Marignan[34], on doute si la valeur doit le faire compter parmi les grands rois qui ont occupé votre trône. Et avec moins de ces talents brillants qui font les héros, et plus de ces vertus pacifiques qui font les bons rois, son prédécesseur[35] sera toujours grand dans nos histoires, parce qu'il sera toujours cher à la nation dont il fut le père. On ne compte pour rien les éloges donnés aux souverains pendant leur règne, s'ils ne sont répétés sous les règnes suivants. C'est là que la postérité, toujours équitable, ou les dégrade[36] d'une gloire dont ils n'étaient redevables qu'à leur puissance et à leur rang, ou leur conserve un rang qu'ils durent à leur vertu bien plus qu'à leur puissance. Il faut, Sire, que la vie d'un grand roi puisse être proposée comme une règle à ses successeurs, et que son règne devienne le modèle de tous les règnes à venir : c'est par là qu'il sera, si je l'ose dire, éternel comme le règne de Jésus-Christ : *et regni ejus non erit finis.*

Le règne de David fut toujours le modèle des bons rois de Juda, et sa durée[37] égala celle du trône de Jérusalem. Ce ne furent pas ses victoires toutes seules qui le rendirent le modèle des rois ses successeurs : Saül en avait remporté comme lui sur les Philistins et sur les Amalécites[38]. Ce fut sa piété envers Dieu, son amour pour son peuple, son zèle pour la loi et pour la religion de ses pères, sa soumission à Dieu dans les disgrâces, sa modération dans la victoire et dans la prospérité, son respect pour les prophètes qui venaient de la part de Dieu l'avertir de ses devoirs et lui ouvrir les yeux sur ses faiblesses[39], les larmes publiques de pénitence et de piété dont il baigna son trône pour expier le scandale de sa chute[40], les richesses immenses qu'il amassa pour élever un temple au Dieu de ses pères[41], sa confiance dans le grand prêtre et dans les ministres du

33 François Ier (1494-1547).

34 Célèbre bataille remportée en 1515 par l'armée de François Ier pendant les guerres d'Italie.

35 Louis XII (1462-1515). Surnommé « père du peuple », il bénéficiait d'une image de sagesse.

36 *Dégrader* : faire descendre.

37 Comprendre : la durée de sa renommée.

38 Le règne de Saül, prédécesseur de David, est marqué par une série de guerres, en particulier contre les Philistins et contre les Amalécites (1 S 13-15).

39 2 S 7, 18-29.

40 L'adultère que commet David avec Bethsabée et l'assassinat de son rival, Urie le Hittite (2 S 11, 1-27).

41 1 Ch 29, 1-10.

culte saint[42], le soin qu'il prit d'inspirer à son fils Salomon les maximes de la vertu et de la sagesse[43], et enfin le bon ordre et la justice des lois qu'il établit dans tout Israël[44].

Voilà, Sire, la grandeur que Votre Majesté doit se proposer. Régnez de manière que votre règne puisse être éternel ; que non seulement il vous assure la royauté immortelle des enfants de Dieu, mais encore que, dans tous les âges qui suivront, on vous propose aux princes vos successeurs comme le modèle des bons rois.

Ce ne sera pas seulement en remportant des victoires que vous deviendrez un grand roi ; ce sera votre amour pour vos peuples, votre fidélité envers Dieu, votre zèle pour la religion de vos pères, votre attention à rendre vos sujets heureux, qui feront de votre règne le plus bel endroit de nos histoires, et le modèle de tous les règnes à venir.

Aimez vos peuples, Sire, et que ces mêmes paroles si souvent portées à vos oreilles trouvent toujours un accès favorable dans votre cœur. Soyez tendre, humain, affable, touché de leurs misères, compatissant à leurs besoins ; et vous serez un grand roi, et la durée de votre règne égalera celle de la monarchie. Dieu vous a établi sur une nation qui aime ses princes, et qui par cela seul mérite d'en être aimée. Dans un royaume où les peuples naissent, pour ainsi dire, bons sujets, il faut que les souverains en naissant naissent de bons maîtres. Vous voyez déjà tous les cœurs voler après vous : Sire, l'amour ne peut se payer que par l'amour, et vous ne seriez pas digne de la tendresse de vos sujets si vous leur refusiez la vôtre.

Il n'y a point d'autre gloire pour les rois : leur grandeur est toute dans l'amour des peuples[b] ; ce sont eux qui perpétuent de siècle en siècle la mémoire des bons princes. Et quelle gloire en effet pour un roi de régner encore après sa mort sur les cœurs de ses sujets ; d'être sûr que, dans tous les temps à venir, les peuples, ou regretteront de n'avoir pas vécu sous son règne, ou se féliciteront d'avoir un roi qui lui ressemble ! Quelle gloire, Sire, de faire dire de soi, dans toute la suite des siècles, comme la reine de Saba le disait de Salomon : heureux ceux qui le virent, et qui vécurent sous la douceur de ses lois et de son empire ! Heureux l'âge qui montra à la terre un si bon maître ! Heureuses les villes et

42 2 S 15, 24-29.
43 1 R 2, 1-9.
44 2 R 8, 15.

les campagnes qui virent revivre sous son règne l'abondance, la paix, la joie, la justice, l'innocence des âges les plus fortunés ! Heureuse la nation que le ciel favorisera un jour d'un prince qui lui soit semblable[45] !

Grand Dieu, c'est vous seul qui donnez les bons rois aux peuples ; et c'est le plus grand don que vous puissiez faire à la terre. Vous tenez encore entre vos mains l'enfant auguste que vous destinez à la monarchie. Son âge, son innocence le laissent encore l'ouvrage commencé de vos miséricordes[46]. Il n'est pas encore sorti de dessous la main qui le forme et qui l'achève. Grand Dieu, il est encore temps, formez-le pour le bonheur des peuples à qui vous l'avez réservé ; et que cette prière, si souvent ici renouvelée, ne lasse pas votre bonté, puisqu'elle intéresse si fort le salut et la félicité d'une nation que vous avez toujours protégée !

C'est sous les bons rois que votre culte s'affermit, que la foi triomphe des erreurs, que l'affreuse incrédulité est bannie ou obligée de se cacher, que les nouvelles doctrines sont proscrites, que les esprits rebelles ne trouvent de protection et de sûreté que dans l'obéissance et dans l'unité, que vos ministres, paisibles dans l'exercice de leurs fonctions, et veillant sans cesse à la conservation du dépôt[47], voient l'autorité de l'empire donner les mains à celle du sacerdoce[48] ; et que tous les cœurs, déjà réunis au pied du trône, portent la même union et la même concorde au pied des autels. Ajoutez donc en lui de jour en jour, ô mon Dieu, de ces traits heureux qui promettent de bons rois à leurs peuples : que l'ouvrage de vos miséricordes croisse et se développe tous les jours en lui avec ses années ! Nous ne vous demandons pas qu'il devienne le vainqueur de l'Europe ; nous vous demandons qu'il soit le père de son peuple. C'est la puissance de votre bras qui nous l'a conservé, en frappant autour de son berceau tout le reste de sa famille royale[49] ; que ce soit elle qui nous le forme et qui nous le prépare ! Il est, comme Moïse, l'enfant sauvé des funérailles de toute sa race[50] ; qu'il soit comme lui le sauveur et le libérateur de son peuple et que ce premier prodige, qui l'a retiré du sein de la mort, soit pour nous le présage assuré de ceux que vous nous faites espérer sous son empire. Ainsi soit-il.

---

45 1 R 10, 6-9.

46 Comprendre : par son jeune âge et son innocence, le roi est une promesse de grâce divine.

47 Le dépôt de la foi, c'est-à-dire l'ensemble des Écritures et de la Tradition.

48 L'autorité séculière alliée à celle de l'Église.

49 Voir le sermon pour la fête de la Purification, note 6.

50 Moïse sauvé des eaux par la fille de Pharaon, alors que celui-ci avait ordonné la mise à mort de tous les nouveau-nés mâles des Hébreux. Ex 1, 8-22 ; 2, 1-10.

SERMON POUR LE DIMANCHE DE LA PASSION

Sur la fausseté de la gloire humaine

Si ego glorifico me ipsum, gloria mea nihil est.
« Si je me glorifie moi-même, ma gloire n'est rien. »
(Jn 8, 54)

Sire,

Si la gloire du monde, sans la crainte de Dieu, était quelque chose de réel, quel homme jusque-là avait paru sur la terre qui eût plus de lieu[1] de se glorifier lui-même que Jésus-Christ ?

Outre la gloire de descendre d'une race royale, et de compter les David et les Salomon parmi ses ancêtres, avec quel éclat n'avait-il pas paru[a] dans le monde !

Suivez-le dans tout le cours de sa vie : toute la nature lui obéit ; les eaux s'affermissent sous ses pieds[2] ; les morts entendent sa voix[3] ; les démons, frappés de sa puissance, vont se cacher loin de lui[4] ; les cieux s'ouvrent sur sa tête et annoncent eux-mêmes aux hommes sa gloire et sa magnificence[5] ; la boue entre ses mains rend la lumière aux aveugles[6] ; tous les lieux par où il passe ne sont marqués que par ses prodiges ; il lit dans les cœurs ; il voit l'avenir comme le présent ; il entraîne après

---

1 *Lieu* : raison.
2 Jésus marchant sur les eaux, Mt 14, 25 ; Mc 6, 48 ; Jn 6, 19.
3 La transfiguration de Jésus, Mt 17, 3 ; Mc 9, 4 ; Lc 9, 30.
4 Guérison d'un possédé, Mt 8, 31-32 ; Mc 5, 12-13, Lc 8, 32-33.
5 Le baptême de Jésus, Mt 3, 16-17 ; Mc 1, 10-11 ; Lc 3, 21.
6 Guérison d'un aveugle, Mc 8, 22-26 ; Jn 9, 1-41.

lui les villes et les peuples ; personne avant lui n'avait parlé comme il parle[7] ; et, charmées de son éloquence céleste, les femmes de Juda appellent heureuses les entrailles qui l'ont porté[8].

Quel homme s'était jamais montré sur la terre environné de tant de gloire ? Et cependant il nous apprend que s'il se l'attribue à lui-même et que sa gloire ne soit[9] qu'une gloire humaine, sa gloire n'est plus rien : *si ego glorifico me ipsum, gloria mea nihil est.*

La probité mondaine, les grands talents, les succès éclatants ne sont donc plus rien dès qu'ils ne sont que les vertus de l'homme ; et il n'y a point de gloire véritable sans la crainte de Dieu. C'est ce qui va faire le sujet de ce discours.

PREMIÈRE PARTIE

Sire,

Il y a longtemps que les hommes, toujours vains, font leur idole de la gloire : ils la perdent la plupart en la cherchant et croient l'avoir trouvée quand on donne à leur vanité les louanges qui ne sont dues qu'à la vertu.

Il n'est point de prince ni de grand, malgré la bassesse et le dérèglement de ses mœurs et de ses penchants, à qui de vaines adulations ne promettent la gloire et l'immortalité et qui ne compte sur les suffrages de la postérité, où son nom ne passera peut-être pas, et où du moins il ne sera connu que par ses vices. Il est vrai que le monde, qui avait élevé ces idoles de boue, les renverse lui-même le lendemain, et qu'il se venge à loisir dans les âges suivants, par la liberté de ses censures, de la contrainte et de l'injustice de ses éloges.

Il n'attend pas même si tard : les applaudissements publics qu'on donne à la plupart des grands pendant leur vie sont presque toujours à l'instant démentis par les jugements et les discours secrets. Leurs louanges ne font que réveiller l'idée de leurs défauts et, à peine sorties

7 Jn 7, 46.
8 Lc 11, 27.
9 Dans cette proposition introduite par « que », en coordination avec une proposition introduite par « si », l'emploi du mode subjonctif est attendu.

de la bouche même de celui qui les publie, elles vont, s'il m'est permis de parler ainsi, expirer dans son cœur qui les désavoue.

Mais si la gloire humaine est presque toujours dégradée devant le tribunal même du monde, aurait-elle quelque chose de plus réel aux yeux de Dieu, devant qui il n'y a de véritables grands que ceux qui le craignent ? *Qui autem timent te, magni erunt apud te per omnia*[10].

Et pour mettre cette vérité dans un point de vue qui nous la montre tout entière, remarquez, je vous prie, mes frères, que les hommes ont de tout temps établi la gloire dans l'honneur et la probité[11], dans l'éminence et la distinction des talents et enfin dans les succès éclatants.

Or, sans la crainte de Dieu, toute probité humaine est ou fausse, ou du moins elle n'est pas sûre : les plus grands talents deviennent dangereux, ou à celui qui s'en glorifie, ou à ceux auprès desquels il en fait usage ; et enfin les succès les plus éclatants, ou prennent leur source dans le crime, ou ne sont souvent que des crimes éclatants eux-mêmes : *Si ego glorifico me ipsum gloria mea nihil est.*

Je dis premièrement que la probité humaine, sans la crainte de Dieu, est presque toujours fausse, ou du moins qu'elle n'est jamais sûre.

Je sais que le monde se vante d'un fantôme d'honneur et de probité indépendant de la religion : il croit qu'on peut être fidèle aux hommes sans être fidèle à Dieu ; être orné de toutes les vertus que demande la société sans avoir celles qu'exige l'Évangile ; et, en un mot, être honnête homme sans être chrétien.

On pourrait laisser au monde cette faible consolation, ne pas lui disputer une gloire aussi vaine et aussi frivole que lui-même et, puisqu'il renonce aux vertus des saints, lui passer du moins celles des hommes. C'est l'attaquer par son endroit sensible et dans son dernier retranchement, de vouloir lui ôter le seul nom de bien[12] qui lui reste et qui le console de la perte de tous les autres, et de le déposséder d'un honneur et d'une probité qu'il croit n'appartenir qu'à lui seul et qu'il dispute même souvent aux justes.

Ne le troublons donc pas dans une possession si paisible et en même temps si injuste. Convenons qu'au milieu de la dépravation et de la

10 Jdt 16, 16 : « Qui craint le Seigneur est grand toujours ».

11 Comprendre : les hommes ont de tout temps considéré que la gloire consiste dans l'honneur et la probité.

12 L'expression « le seul nom de bien » signifie que « la probité humaine » ne saurait être un bien en soi, mais est seulement une désignation trompeuse.

décadence des mœurs publiques, le monde a encore sauvé du débris des restes d'honneur et de droiture ; que, malgré les vices et les passions qui les dominent, paraissent encore sous ses étendards des hommes fidèles à l'amitié, zélés pour la patrie, rigides amateurs de la vérité[13], esclaves religieux de leur parole, vengeurs de l'injustice, protecteurs de la faiblesse ; en un mot, partisans du plaisir, et néanmoins sectateurs de la vertu.

Voilà les justes du monde, ces héros d'honneur et de probité qu'il fait tant valoir, et qu'il oppose même tous les jours avec une espèce d'insulte et d'ostentation aux véritables justes de l'Évangile. Il les dégrade[14] pour élever son idole ; il se vante que l'honneur et la véritable probité ne résident que chez lui ; il nous laisse l'obscurité, les petitesses, les travers, et tout le faux de la vertu, et s'en arroge à lui-même l'héroïsme et la gloire. Mais qu'il serait aisé de venger l'honneur de Dieu contre le culte vain et pompeux que le monde rend à son idole ! Il n'y aurait qu'à souffler sur cet édifice d'orgueil et de vanité, à peine en retrouveriez-vous les faibles vestiges.

Ces hommes vertueux dont le monde se fait tant d'honneur, n'ont au fond souvent[b] pour eux que l'erreur publique. Amis fidèles, je le veux[15] ; mais c'est le goût[16], la vanité ou l'intérêt qui les lie, et dans leurs amis ils n'aiment qu'eux-mêmes. Bons citoyens, il est vrai ; mais la gloire et les honneurs qui nous reviennent en servant la patrie sont l'unique lien et le seul devoir qui les attache. Amateurs de la vérité, je l'avoue ; mais ce n'est pas elle qu'ils cherchent, c'est le crédit et la confiance qu'elle leur acquiert parmi les hommes. Observateurs de leurs paroles ; mais c'est un orgueil qui trouverait de la lâcheté et de l'inconstance à se dédire ; ce n'est pas une vertu qui se fait une religion de ses promesses. Vengeurs de l'injustice ; mais, en la punissant dans les autres, ils ne veulent que publier qu'ils n'en sont pas capables eux-mêmes. Protecteurs de la faiblesse ; mais ils veulent avoir des panégyristes de leur générosité, et les éloges des opprimés sont ce que leur offre de plus touchant leur oppression et leur misère. En un mot, dit l'Écriture, on les appelle miséricordieux :

13 Le terme « amateur » désigne une personne qui aime un art, une science ou une notion morale, et le qualificatif « rigide », sans aucune valeur péjorative, est ainsi défini par Furetière : « exact observateur des règles, de la discipline ».

14 *Dégrader* : destituer d'une charge, d'une dignité.

15 Comprendre : je le concède.

16 Massillon emploie régulièrement le mot « goût » pour désigner un penchant éphémère.

ils ont toutes les vertus pour le public, mais, n'étant pas fidèles à Dieu, ils n'en ont pas une seule pour eux-mêmes : *Multi homines misericordes vocantur ; virum autem fidelem quis inveniet*[17] ?

Mais, quand la probité du monde ne serait pas presque toujours fausse, il faudrait convenir du moins qu'elle n'est jamais sûre. La religion toute seule assure[18] la vertu, parce que les motifs qu'elle nous fournit sont partout les mêmes. La honte et l'opprobre en seraient le prix devant les hommes, qu'elle n'en paraîtrait que plus belle et plus glorieuse à l'homme de bien. Sa vie même serait en péril, qu'il ne voudrait pas la racheter aux dépens de sa vertu. Le secret et l'impunité ne sont pas pour lui des attraits pour le vice, puisque Dieu est le seul témoin qu'il craint ; et le reproche de sa conscience, la seule peine qui l'afflige. La gloire même et les acclamations publiques le solliciteraient à une entreprise ambitieuse et injuste, qu'il préférerait le devoir et la règle qui la condamnent aux applaudissements de l'univers qui l'approuve. Enfin, changez tant qu'il vous plaira les situations d'un véritable juste : le monde peut varier à son égard ; les suffrages publics qui l'élèvent aujourd'hui peuvent demain le dégrader et l'abattre ; sa fortune peut changer, mais sa vertu ne changera point avec sa fortune.

Il ne s'agit pas ici de nous alléguer des exemples où la piété la plus estimée s'est démentie plus d'une fois. Outre que le monde est rempli[c] de faux justes et que tous ceux qui en portent le nom aux yeux des hommes n'en ont pas le mérite devant Dieu, ç'a été de tout temps l'injustice du monde d'attribuer à la vertu les faiblesses de l'homme. Le juste peut tomber : mais la vertu seule peut le défendre ou le relever de ses chutes ; elle seule marche sûrement, parce que les principes sur lesquels elle s'appuie sont toujours les mêmes. Les occasions ne l'autorisent pas contre le devoir[19], parce que les occasions ne changent jamais rien aux règles. La lumière et les regards publics sont pour elle comme la solitude et les ténèbres[20]. En un mot, elle ne compte les hommes pour rien, parce que Dieu seul, qui la voit, doit être son juge.

---

17 Pr 20, 6 : « Il y a bien des hommes qu'on appelle miséricordieux ; mais qui trouvera un homme fidèle ? »

18 *Assurer* : rendre ferme, fortifier.

19 Comprendre : l'homme vertueux ne se sert pas des situations qui se présentent à lui pour aller à l'encontre du devoir.

20 Comprendre : du point de vue de la vertu, « les regards publics » n'ont aucune valeur, au point qu'on puisse les assimiler à une « solitude », c'est-à-dire à un endroit désert ; de

Trouvez, si vous le pouvez, la même sûreté dans les vertus humaines. Nées le plus souvent[d] dans l'orgueil et dans l'amour de la gloire, elles y trouvent un moment après leur tombeau. Formées par les regards publics, elles vont s'éteindre le lendemain, comme ces feux passagers[21], dans le secret et dans les ténèbres. Appuyées sur les circonstances, sur les occasions, sur les jugements des hommes, elles tombent sans cesse avec ces appuis fragiles. Les tristes fruits de l'amour-propre[22], elles sont toujours sous l'inconstance de son empire. Enfin, le faible ouvrage de l'homme, elles ne sont, comme lui, à l'épreuve de rien.

Qu'il s'offre à ce vertueux du siècle une occasion sûre de décréditer[23] un ennemi ou de supplanter un concurrent ; pourvu qu'il conserve la réputation et la gloire de la modération, il sera peu touché d'en avoir le mérite. Que sa vengeance n'intéresse[24] point son honneur, elle ne sera plus indigne de sa vertu. Placez-le dans une situation où il puisse accorder sa passion avec l'estime publique, il ne s'embarrassera pas de l'accorder avec son devoir. En un mot, qu'il passe toujours pour homme de bien, c'est la même chose pour lui que de l'être.

Tout Israël paraît applaudir d'abord à la révolte d'Absalon[25] : Achitophel[26], cet homme si sage et si vertueux dans l'estime publique[27], et dont les conseils étaient regardés comme les conseils de Dieu, préfère pourtant le parti du crime, où il trouve les suffrages publics et l'espérance de son élévation, à celui de la justice, qui ne lui offre plus que le devoir.

Non, mes frères, rien n'est sûr dans les vertus humaines, si la vertu de Dieu[28] ne les soutient et ne les fixe. Soyez bienfaisant, juste, généreux,

---

même la lumière de la gloire est assimilée aux « ténèbres ».

21 Ces « feux passagers » peuvent désigner différents phénomènes lumineux – des étoiles filantes comme des feux follets.

22 Comme en français moderne, on attendrait l'absence d'article pour ce groupe nominal en emploi non référentiel, qui caractérise le pronom « elles ». Même remarque pour « le faible ouvrage de l'homme » à la phrase suivante.

23 *Décréditer* : discréditer.

24 *Intéresser* : porter préjudice.

25 Dans la Bible, Absalom (ou Absalon) est un fils du roi David. Il organise une révolte contre son père, obligé de s'enfuir de Jérusalem (2 S 15).

26 Achitophel est un conseiller du roi David qui, au moment de la révolte d'Absalom, se range auprès de ce dernier (2 S 15, 12 ; 31).

27 *L'estime publique* : l'opinion publique.

28 Avec « les vertus humaines » et « la vertu de Dieu », Massillon fait jouer deux valeurs d'emploi du nom « vertu » : dans le premier cas, il désigne des qualités morales, alors que, dans le second cas, il doit être compris dans son sens ancien de « force, puissance ».

sincère : vous pouvez être utile au public, mais vous devenez inutile à vous-même ; vous faites des œuvres louables aux yeux des hommes, mais en ferez-vous[e] jamais une véritable vertu ? Tout est faux et vide dans un cœur que Dieu ne remplit point – c'est un roi lui-même qui parle[29] ; et connaître votre justice et votre vertu, ô mon Dieu, c'est la seule racine qui porte des fruits d'immortalité et la source de la véritable gloire : *Vani autem sunt omnes homines in quibus non subest scientia Dei*[30].

C'est donc en vain qu'on met la véritable gloire dans l'honneur et la probité mondaine : on n'est grand que par le cœur ; et le cœur vide de Dieu n'a plus que le faux et les bassesses de l'homme.

DEUXIÈME PARTIE

Mais peut-être que les vertus civiles toutes seules sont trop obscures et que la distinction et la supériorité des grands talents nous donnera plus de droit à la gloire.

Hélas ! Sire, que sont les grands talents, que[31] de grands vices, si, les ayant reçus de Dieu, nous ne les employons que pour nous-mêmes ? Que deviennent-ils entre nos mains ? Souvent l'instrument des malheurs publics ; toujours la source de notre condamnation et de notre perte.

Qu'est-ce qu'un souverain né avec une valeur bouillante et dont les éclairs brillent déjà de toutes parts dès ses plus jeunes ans, si la crainte de Dieu ne le conduit et ne le modère ? Un astre nouveau et malfaisant qui n'annonce que des calamités à la terre[32]. Plus il croîtra dans cette science funeste, plus les misères publiques croîtront avec lui : ses entreprises les plus téméraires n'offriront qu'une faible digue à l'impétuosité de sa course ; il croira effacer par l'éclat de ses victoires leur témérité ou leur injustice ; l'espérance du succès sera le seul titre qui justifiera l'équité de ses armes ; tout ce qui lui paraîtra glorieux deviendra légitime ;

---

29 Salomon était considéré comme l'auteur du Livre de la sagesse, cité dans cette phrase.

30 Sg 13, 1 : « Oui, vains par nature tous les hommes en qui se trouvait l'ignorance de Dieu ».

31 Le mot « que » a ici le sens de « si ce n'est ».

32 Allusion aux mauvais présages associés au passage d'une comète, par une tradition qui remonte à l'antiquité latine (voir Virgile, *Georgiques*, I, v. 463-488).

il regardera les moments d'un repos sage et majestueux comme une oisiveté honteuse et des moments qu'on dérobe à sa gloire ; ses voisins deviendront ses ennemis dès qu'ils pourront devenir sa conquête ; ses peuples eux-mêmes fourniront de leurs larmes et de leur sang la triste matière de ses triomphes ; il épuisera et renversera ses propres états pour en conquérir de nouveaux ; il armera contre lui les peuples et les nations ; il troublera la paix de l'univers ; il se rendra célèbre en faisant des millions de malheureux. Quel fléau pour le genre humain ! Et s'il y a un peuple sur la terre capable de lui donner des éloges, il n'y a qu'à lui souhaiter un tel maître.

Repassez sur[33] tous les grands talents qui rendent les hommes illustres ; s'ils sont donnés aux impies, c'est toujours pour le malheur de leur nation et de leur siècle. Les vastes connaissances empoisonnées par l'orgueil ont enfanté ces chefs et ces docteurs célèbres de mensonge qui dans tous les âges ont levé l'étendard du schisme et de l'erreur et formé, dans le sein même du christianisme, les sectes qui le déchirent[34].

Ces beaux esprits si vantés et qui par des talents heureux ont rapproché leur siècle du goût et de la politesse[35] des anciens, dès que leur cœur s'est corrompu, ils n'ont laissé au monde que des ouvrages lascifs et pernicieux, où le poison, préparé par des mains habiles, infecte tous les jours les mœurs publiques et où les siècles qui nous suivront viendront encore puiser la licence et la corruption du nôtre.

Tournez-vous d'un autre côté. Comment ont paru sur la terre ces génies supérieurs mais ambitieux et inquiets, nés pour faire mouvoir les ressorts des états et des empires et ébranler l'univers entier ? Les peuples et les rois sont devenus le jouet de leur ambition et de leurs intrigues : les dissensions civiles et les malheurs domestiques ont été les théâtres lugubres où ont brillé leurs grands talents.

Un seul homme obscur[36], avec ces avantages éminents de la nature, mais sans conscience et sans probité, a pu s'élever les siècles passés sur

33 *Repasser sur* : revenir par la pensée sur quelque chose.

34 Allusion aux pères de la Réforme protestante, Martin Luther (1483-1546) et Jean Calvin (1509-1564).

35 *Politesse* : culture, civilisation.

36 Massillon fait le portrait de Cromwell (1599-1658). Militaire et député au parlement, celui-ci prit la tête de l'opposition à la monarchie anglaise. Après la condamnation à mort du roi Charles Ier, Cromwell gouverna sous le titre de Lord protecteur.

les débris de sa patrie ; changer la face entière d'une nation voisine et belliqueuse, si jalouse de ses lois et de sa liberté ; se faire rendre des hommages que ses citoyens disputent même à leurs rois ; renverser le trône, et donner à l'univers le spectacle d'un souverain dont la couronne ne put mettre la tête sacrée à couvert de l'arrêt inouï qui le condamna à la perdre.

Esprits vastes, mais inquiets et turbulents, capables de tout soutenir hors le repos ; qui tournent sans cesse autour du pivot même qui les fixe et qui les attache ; et qui, semblables à Samson[37], sans être animés de son esprit, aiment encore mieux ébranler l'édifice et être écrasés sous ses ruines, que de ne pas s'agiter et faire usage de leurs talents et de leur force. Malheur au siècle qui produit de ces hommes rares et merveilleux ! Et chaque nation a eu là-dessus ses leçons et ses exemples domestiques.

Mais enfin, si ce n'est pas un malheur pour leur siècle, c'est du moins un malheur pour eux-mêmes. Semblables à un navire sans gouvernail, que des vents favorables poussent à pleines voiles, plus notre course est rapide, plus le naufrage est inévitable. Rien n'est si dangereux pour soi que les grands talents dont la foi ne règle pas l'usage : les vaines louanges qu'attirent ces qualités brillantes corrompent le cœur, et plus on était né avec de grandes qualités, plus la corruption est profonde et désespérée. Dieu abandonne l'orgueil à lui-même : ces hommes si vantés expient souvent, dans la honte d'une chute éclatante, l'injustice des applaudissements publics ; leurs vices déshonorent leurs talents. Ces vastes génies, nés pour soutenir l'État, ne sont plus, dit Job, que de faibles roseaux qui ne peuvent se soutenir eux-mêmes[38]. On a vu plus d'une fois les pierres même les plus brillantes du sanctuaire[39] s'avilir et se traîner indignement dans la boue, et les plus grands talents sont souvent livrés aux plus grandes faiblesses : *qui ducit sacerdotes inglorios, et optimates supplantat*[40].

---

37 Dans le Livre des Juges, Samson est célèbre pour sa force, liée à sa longue chevelure qui est signe de son élection divine. Prisonnier des Philistins, il ébranla une colonne du temple où il se trouvait avec eux, si bien que l'édifice s'écroula. Samson mourut en même temps que ses ennemis (Jg 16, 23-31).

38 Jb 8, 11-15.

39 L'expression désigne les prêtres. Elle est tirée de Lm 4, 1 : « Comment les pierres du sanctuaire ont-elles été dispersées à tous les coins de rues ? »

40 Jb 12, 19 : « Il fait que les pontifes sont privés de leur gloire, et que les grands tombent par terre. »

TROISIÈME PARTIE

Les succès éclatants et les grands événements qui les suivent ne méritent pas plus de louanges dans les ennemis de Dieu, et ne leur donnent pas plus de droit à la gloire que leurs talents.

Je sais que le monde y attache de la gloire, et que d'ordinaire chez lui ce ne sont pas les vertus, mais les succès, qui font les grands hommes. Les provinces conquises, les batailles gagnées, les négociations difficiles terminées, le trône chancelant affermi ; voilà ce que publient les titres et les inscriptions et à quoi le monde consacre des éloges et des monuments publics pour en immortaliser la mémoire.

Je ne veux pas qu'on abatte ces marques de la reconnaissance publique : tout ce qui est utile aux hommes est digne en un sens de la reconnaissance des hommes. Comme l'émulation donne les sujets illustres aux empires, il faut que les récompenses excitent l'émulation et que les succès voient toujours marcher après eux les récompenses.

Le gouvernement politique ne sonde pas les cœurs ; il ne pèse que les actions. Il est même en ce genre des erreurs nécessaires à l'ordre public. Tout ce qui l'embellit doit être glorieux, et les mœurs ou les motifs qui ne déshonorent que la personne ne doivent pas ternir des succès qui ont honoré la patrie.

Mais, s'il est permis au monde d'exalter la gloire de ses héros, il n'est pas défendu à la vérité[41] de ne pas parler comme le monde : hélas ! il en est si peu qu'il ne dégrade lui-même[42] ! Ceux que la distance des temps et des lieux éloigne de ses regards sont les seuls à couvert de ses traits ; ceux qui vivent sous ses yeux n'échappent guère à sa censure, et il cesse de les admirer dès qu'il a le loisir de les connaître et en cela ne l'accusons point de malignité et d'injustice ; il faut l'en croire, puisqu'il parle contre lui-même.

Et, en effet, je ne vous dis pas percez jusque dans les motifs des actions les plus éclatantes et des plus grands événements. Tout en est brillant au-dehors, vous voyez le héros ; entrez plus avant, cherchez l'homme lui-même : c'est là que vous ne trouverez plus, dit le Sage,

41 La vérité divine.

42 Comprendre : il y a si peu de héros que le monde ne dégrade.

que de la cendre et de la boue : *cinis est enim cor ejus, et terra supervacua spes illius*[43].

L'ambition, la jalousie, la témérité, le hasard, la crainte souvent et le désespoir ont donné les plus grands spectacles et les événements les plus brillants à la terre. David ne devait peut-être les victoires et la fidélité de Joab qu'à sa jalousie contre Abner[44]. Ce sont souvent les plus vils ressorts qui nous font marcher vers la gloire ; et presque toujours les voies qui nous y ont conduit nous en dégradent elles-mêmes.

Aussi écoutez ceux qui ont approché autrefois de ces hommes que la gloire des succès avait rendus célèbres ; souvent ils ne leur trouvaient de grand que le nom ; l'homme désavouait le héros[45] ; leur réputation rougissait de la bassesse de leurs mœurs et de leurs penchants ; la familiarité trahissait la gloire de leurs succès ; il fallait rappeler l'époque de leurs grandes actions pour se persuader que c'était eux qui les avaient faites. Ainsi ces décorations si magnifiques, qui nous éblouissent et qui embellissent nos histoires, cachent souvent les personnages les plus vils et les plus vulgaires.

Non, Sire, il n'y a de grand dans les hommes que ce qui vient de Dieu. La droiture du cœur, la vérité, l'innocence et la règle[46] des mœurs, l'empire sur les passions, voilà la véritable grandeur et la seule gloire réelle que personne ne peut nous disputer ; tout ce que les hommes ne trouvent que dans eux-mêmes est sali, pour ainsi dire, par la même boue dont ils sont formés. Le sage tout seul, dit un grand roi[47], est en possession de la véritable gloire ; celle du pécheur n'est qu'un opprobre et une ignominie : *gloriam sapientes possidebunt ; stultorum exaltatio ignominia*[48].

La religion, la piété envers Dieu, la fidélité à tous les devoirs qu'il nous impose à l'égard des autres et de nous-mêmes ; une conscience pure et à l'épreuve de tout ; un cœur qui marche droit dont la justice et dans la vérité, supérieur à tous les obstacles qui pourraient

43 Sg 15, 10 : « Cendres, que son cœur ! Plus vil que la terre, son espoir ! »
44 Dans la Bible (2 S, 1 R et 1 Ch), Joab est le neveu de David et l'un des chefs de son armée. Il voit en Abner, également chef de l'armée de David après l'avoir été pour Saül, un rival, qu'il fait assassiner.
45 Comprendre : la réputation du héros était démentie par la réalité humaine.
46 *Règle* : discipline.
47 Salomon était considéré comme l'auteur du Livre des Proverbes.
48 Pr 3, 35 : « Les sages possèderont la gloire ; l'élévation des insensés sera leur confusion. »

l'arrêter, insensible à tous les attraits rassemblés autour de lui pour le corrompre, élevé au-dessus de tout ce qui se passe et soumis à Dieu seul : voilà la véritable gloire et la base de tout ce qui fait les grands hommes. Si vous frappez ce fondement, tout l'édifice s'écroule, toutes les vertus tombent et il ne reste plus rien, parce qu'il ne reste que nous-mêmes.

Sire, votre règne serait plein de merveilles, vous porteriez la gloire de votre nom jusqu'aux extrémités de la terre, vos jours ne seraient marqués que par vos triomphes, vous ajouteriez de nouvelles couronnes à celles des rois vos ancêtres, l'univers entier retentirait de vos louanges ; si Dieu n'était point avec vous, si l'orgueil, plutôt que la justice et la piété, était l'âme de vos entreprises, vous ne seriez point un grand roi. Vos prospérités seraient des crimes, vos triomphes, des malheurs publics ; vous seriez l'effroi et la terreur de vos voisins, mais vous ne seriez pas le père de votre peuple ; vos passions seraient vos seules vertus ; et malgré les éloges que l'adulation, la compagne immortelle des rois, vous aurait donnés, aux yeux de Dieu, et peut-être même de la postérité, elles ne paraîtraient plus que de véritables vices.

Ce n'est donc pas cette gloire humaine, grand Dieu, que nous vous demandons pour cet enfant auguste : elle paraît déjà peinte sur la majesté de votre front, elle coule même dans ses veines avec le sang des rois ses ancêtres, et vous l'avez fait naître grand aux yeux des hommes, dès que vous l'avez fait naître du sang des héros ; c'est la gloire qui vient de vous. Rehaussez les dons de la nature dont vous l'avez ennobli, par l'éclat immortel de la piété ; ajoutez à toutes les qualités aimables qui le rendent déjà les délices de son peuple, toutes celles qui peuvent le rendre agréable à vos yeux ; laissez à sa naissance et à la valeur de la nation le soin de cette gloire qui vient du monde : nous ne vous demandons, grand Dieu, que veiller au soin de sa conservation[49] et de son salut. L'histoire de ses ancêtres est un titre qui nous répond de l'éclat et des prospérités[f] de son règne, mais vous seul pouvez répondre de l'innocence et de la sainteté de sa vie. La gloire du monde est comme l'héritage qu'il a reçu de ses pères selon la chair, mais vous, grand Dieu, qui êtes son père selon la foi, donnez-lui la sagesse, qui est la gloire et l'héritage de vos enfants !

---

49 La « conservation » désigne la préservation de la vie du roi sur terre, par opposition au « salut » qui renvoie à la vie éternelle.

Que son cœur soit toujours entre vos mains, et son cœur sera encore plus grand que ses succès et ses triomphes. Qu'il vous craigne, grand Dieu : ses ennemis le craindront, ses peuples l'aimeront ; il deviendra à l'univers un spectacle digne de l'admiration de tous les siècles ; et comme nous n'aurons plus rien à craindre pour sa gloire, nous n'aurons plus rien aussi à souhaiter pour notre bonheur. Ainsi soit-il.

SERMON
POUR LE DIMANCHE DES RAMEAUX

Sur les écueils de la piété des grands

Ecce rex tuus venit tibi mansuetus.
« Voici votre roi qui vient à vous plein de douceur. »
(Mt 21, 5)

Sire,

Partout ailleurs Jésus-Christ semble n'exercer qu'avec une sorte de ménagement les fonctions éclatantes de son ministère. Il se dérobe aux empressements d'un peuple qui veut l'élever sur le trône[1] : il choisit le sommet solitaire d'une montagne écartée pour manifester sa gloire à trois disciples[2] : les démons eux-mêmes, qui veulent la publier, sont forcés par ses ordres de la cacher et de la taire[3].

Aujourd'hui il paraît en roi, et comme un roi qui vient prendre possession de son empire. Il souffre[4] des hommages publics ; il dispose en maître de l'appareil innocent de son triomphe[5] : *dicite quia Dominus his opus habet*[6]. Il entre dans le temple ; et, par des châtiments éclatants[7], il rend à ce lieu sacré la majesté que l'indécence d'un trafic honteux lui avait ôtée. Ce n'est plus cet homme qui se dérobe aux

1 Après le miracle de la multiplication des pains et des poissons, la foule veut couronner Jésus (Jn 6, 15).

2 Jésus transfiguré (Mt 17, 1-9 ; Mc 9, 2-9 ; Lc 9, 28-36).

3 Guérison de la belle-mère de Simon (Lc 4, 41)

4 *Souffrir* : accepter.

5 Périphrase pour désigner l'ânesse sur laquelle Jésus est assis lorsqu'il entre dans Jérusalem (Mt 21, 1-7)

6 Mt 21, 3 : « Dites-lui que le Seigneur en a besoin ».

7 Jésus chassant les marchands du Temple (Mt 21, 12-13).

regards publics ; c'est le fils de David qui donne des lois, qui exerce une autorité suprême, et qui veut avoir tout Jérusalem pour témoin de son zèle et de sa puissance.

Il est donc ici le modèle de la piété des grands. Les vertus privées ne leur suffisent pas ; il leurs faut encore les vertus publiques. Ce serait peu de les avoir jusqu'aux ici exhortés à la piété : l'essentiel est de leur montrer quelle est la piété de leur état. Quoique l'Évangile propose à tous la même doctrine, il ne propose pas à tous les mêmes règles : les devoirs changent avec l'état[8] ; plus il est élevé, plus ils se multiplient ; plus nos places nous rendent redevables au public, plus elles exigent des vertus publiques ; et nous devenons mauvais, si nous ne sommes bons que pour nous-mêmes.

Or, la piété des grands a trois écueils à craindre, qui peuvent changer en vices toutes leurs vertus.

Premièrement, une piété oisive et renfermée en elle-même, qui les éloigne des soins et des devoirs publics.

Secondement, une piété faible, timide, scrupuleuse, qui jette l'indécision dans leurs entreprises et dans toute leur conduite.

Enfin, une piété crédule et bornée, facile à recevoir l'impression du préjugé, et incapable de revenir quand une fois elle l'a reçue.

C'est-à-dire qu'il faut à la piété des grands la vigilance publique, qui fait agir ; le courage et l'élévation, qui font décider et entreprendre ; enfin, ou les lumières qui empêchent d'être surpris[9], ou une noble docilité[10] qui se fait une gloire de revenir dès qu'elle a senti qu'on l'a surprise.

PREMIÈRE PARTIE

Sire,

La piété véritable est l'ordre de la société, laisse chacun à sa place, fait de l'état où Dieu nous a placé l'unique voie de notre salut, ne met pas

8 *État* : « Se dit encore des différents degrés ou conditions des personnes distinguées par leurs charges, offices, professions ou emplois » (Furetière).

9 *Surprendre* : tromper.

10 Docilité : disposition à recevoir l'enseignement doctrinal ; *cf.* Furetière : « La docilité de l'esprit est nécessaire à un chrétien pour être instruit des mystères ».

une perfection chimérique dans des œuvres que Dieu ne demande pas de nous, ne sort pas de l'ordre de ses devoirs pour s'en faire d'étrangers, et regarde comme des vices les vertus qui ne sont pas de notre état.

Tout ce qui trouble l'harmonie publique est un excès de l'homme et non un zèle et une perfection de la vertu. La religion désavoue les œuvres les plus saintes qu'on substitue aux devoirs, et l'on n'est rien devant Dieu quand on n'est pas ce que l'on doit être.

Il y a donc une piété, pour ainsi dire, propre de[11] chaque état. L'homme public n'est point vertueux, s'il n'a que les vertus de l'homme privé : le prince s'égare et se perd par la même voie qui aurait sauvé le sujet ; et le souverain en lui peut devenir très criminel, tandis que l'homme est irréprochable.

Aussi le premier écueil de la piété des grands est de les retirer des soins publics et de les refermer en eux-mêmes. Comme l'indolence et l'amour du repos est[12] le vice ordinaire des grands, il devient encore plus dangereux et plus incorrigible quand ils le couvrent du prétexte de la vertu. La gloire peut réveiller quelquefois dans les grands l'assoupissement de la paresse ; mais celui qui a pour principe une piété mal entendue est en garde contre la gloire même, et ne laisse plus de ressources. Un reste d'honneur et de respect pour le public et pour la place qu'on occupe rompt souvent les charmes d'une oisiveté honteuse, et rend aux peuples le souverain qui se doit à eux ; mais quand ce repos indigne est occupé par des exercices pieux, il devient à ses yeux honorable : on peut rougir d'un vice ; mais on se fait honneur de ce qu'on croit une vertu.

Mais, Sire, un grand, un prince n'est pas né pour lui seul ; il se doit à ses sujets. Les peuples, en l'élevant, lui ont confié la puissance et l'autorité, et se sont réservé en échange ses soins, son temps, sa vigilance. Ce n'est pas une idole qu'ils ont voulu se faire pour l'adorer, c'est un surveillant qu'ils ont mis à leur tête pour les protéger et pour les défendre : ce n'est pas de ces divinités inutiles qui ont des yeux et ne voient point, une langue et ne parlent point, des mains et n'agissent point[13] ; ce sont de ces dieux qui les précèdent, comme parle l'Écriture, pour les conduire et les défendre. Ce sont les peuples qui, par l'ordre de Dieu, les ont faits tout

11 L'adjectif « propre » se construit ordinairement avec la préposition « à ».

12 Accord du verbe au singulier pour deux noms coordonnés dans un rapport de synonymie.

13 Ps 115 (113 B), 4-7.

ce qu'ils sont[14] ; c'est à eux à n'être ce qu'ils sont que pour les peuples. Oui, Sire, c'est le choix de la nation qui mit d'abord le sceptre entre les mains de vos ancêtres[15] ; c'est elle qui les éleva sur le bouclier militaire, et les proclama souverains. Le royaume devint ensuite l'héritage de leurs successeurs ; mais ils le durent originairement au consentement libre des sujets. Leur naissance seule les mit ensuite en possession du trône : mais ce furent les suffrages publics qui attachèrent d'abord ce droit et cette prérogative à leur naissance. En un mot, comme la première source de leur autorité vient de nous, les rois n'en doivent faire usage que pour nous. Les flatteurs, Sire, vous rediront sans cesse que vous êtes le maître, et que vous n'êtes comptable à personne de vos actions. Il est vrai que personne n'est en droit de vous en demander compte ; mais vous vous le devez à vous-même ; et, si je l'ose dire, vous le devez à la France qui vous attend, et à toute l'Europe qui vous regarde. Vous êtes le maître de vos sujets ; mais vous n'en aurez que le titre, si vous n'en avez pas les vertus : tout est permis ; mais cette licence est l'écueil de l'autorité, loin d'en être le privilège : vous pouvez négliger les soins de la royauté ; mais, comme ces rois fainéants[16] si déshonorés dans nos histoires, vous n'aurez plus qu'un vain nom de roi, dès que vous ne remplirez pas les fonctions augustes.

Quel serait donc ce fantôme de piété, qui ferait une vertu aux grands et au souverain de craindre et d'éviter la dissipation des soins publics[17] ; de ne vaquer qu'à des pratiques religieuses, comme des hommes privés et qui n'ont à répondre que d'eux-mêmes ; de se renfermer au milieu d'un petit nombre de confidents de leurs pieuses illusions, et de fuir presque la vue du reste de la terre ? Sire, un prince établi pour gouverner les hommes doit connaître les hommes : le choix des sujets est la première source du bonheur public ; et, pour les choisir, il faut les connaître. Nul n'est à sa place dans un État où le prince ne juge pas par lui-même : le mérite est négligé, parce qu'il est ou trop modeste pour s'empresser, ou trop noble pour devoir son élévation à des sollicitations et à des bassesses : l'intrigue supplante les plus grands talents ; des hommes

14 Les Hébreux demandent au prophète Samuel de leur donner un roi (1 S 8, 1-22).

15 Massillon ne propose pas une simple comparaison entre « le choix de la nation » française de se soumettre à un roi et la demande des Hébreux de se soumettre à un roi, mais établit une filiation, des rois de l'Ancien testament jusqu'à la monarchie française.

16 Les « rois fainéants », derniers descendants de la dynastie des Mérovingiens.

17 Comprendre : les grands et le souverain ne doivent pas craindre que les charges publiques aillent à l'encontre de la piété.

souples et bornés s'élèvent aux premières places, et les meilleurs sujets demeurent inutiles. Souvent un David, seul capable de sauver l'État, n'emploie sa valeur dans l'oisiveté des champs que contre des animaux sauvages, tandis que des chefs timides, effrayés de la seule présence de Goliath[18], sont à la tête des armées du Seigneur. Souvent un Mardochée[19], dont la fidélité est même écrite dans les monuments publics, qui, par sa vigilance, a découvert autrefois des complots funestes au souverain et à l'empire, seul en état, par sa probité et par son expérience, de donner de bons conseils et d'être appelé aux premières places, rampe à la porte du palais, tandis qu'un orgueilleux Aman[20] est à la tête de tout et abuse de son autorité et de la confiance du maître.

Ainsi les fonctions essentielles aux grands ne sont pas la prière et la retraite. Elles doivent les préparer aux soins publics, et non les en détourner ; ils doivent se sanctifier en contribuant au salut et à la félicité de leurs peuples ; les grâces de leur état sont des grâces de travail, de soins, de vigilance. Quiconque leur promet, dit l'Évangile, qu'ils trouveront Jésus-Christ dans le désert, ou dans le secret de leur palais, est un faux prophète : *ecce in deserto, ecce in penetralibus, nolite credere*[21]. Ils y seront seuls et livrés à eux-mêmes : Dieu n'est point avec nous dans les situations qu'il ne demande pas de nous ; et le calme où nous nous croyons le plus en sûreté, si la main du Seigneur nous ne nous y conduit et ne nous y soutient, devient lui-même le gouffre qui nous voit périr sans ressource : une piété oisive et retirée ne sanctifie pas le souverain, elle l'avilit et le dégrade.

Eh quoi ! Sire, tandis que celui que son rang et sa naissance établissent dépositaire de l'autorité publique se renfermerait dans l'enceinte d'un petit nombre de devoirs pieux et secrets, les soins publics seraient abandonnés, les affaires demeureraient, les subalternes abuseraient de leur autorité, les lois céderaient la place à l'injustice et à la violence, les peuples seraient comme des brebis sans pasteur[22], tout l'État dans la confusion et dans

---

18 Allusion au récit biblique du combat du jeune David, futur roi d'Israël, contre le géant Goliath, champion des Philistins (1 S 17, 1-54).

19 Livre d'Esther. Voir le sermon pour le premier dimanche, notes 29 et 32.

20 *Id.*

21 Mt 24, 26 : « Si donc on vous dit, le voici dans le désert ; ne sortez point pour y aller. Si donc on vous dit, le voici dans le lieu le plus retiré de la maison ; ne le croyez point. »

22 *Pasteur* : berger. Image évangélique. Voir notamment Mc 6, 34 : « Jésus sortant de la barque, vit une grande multitude de peuple, et il en eut compassion, parce qu'ils étaient comme des brebis qui n'ont point de pasteur ».

le désordre ! Et Dieu, auteur de l'ordre public, regarderait avec des yeux de complaisance une piété oisive qui le renverse ! Et les peuples, exposés à la merci des flots, n'auraient pas droit de dire à ce pilote endormi et infidèle, avec plus de raison que les disciples sur la mer ne le disaient à Jésus-Christ : Seigneur, il vous est donc indifférent que nous périssions, et notre perte ou notre salut n'est plus une affaire qui vous intéresse ? *Magister, non ad te pertinet quia perimus*[23] ? La religion autoriserait donc des abus que la raison elle-même condamne.

Mais la religion elle-même n'est-elle pas nécessairement liée à l'ordre public ? Elle tombe ou s'affaiblit avec lui. Les mœurs souffrent toujours de la faiblesse des lois ; la confusion du gouvernement est aussi funeste à la piété des peuples qu'au bonheur des empires ; le bon ordre de la société est la première base des vertus chrétiennes ; l'observance des lois de l'État doit préparer les voies à celles de l'Évangile. L'Église ne doit compter sur rien dans un empire où le gouvernement n'a rien de fixe ; aussi les États où la multitude gouverne, et ceux où elle partage la puissance avec le souverain, sans cesse exposés à des révolutions, se départent[24] aussi facilement des lois que du culte de leurs pères[25] : les soulèvements y sont aussi impunis que les erreurs ; et c'est là où l'hérésie a toujours trouvé son premier asile ; elle se fortifie au milieu de la confusion des lois et de la faiblesse de l'autorité ; elle doit toujours sa naissance ou son progrès aux troubles et aux dissensions publiques. Les règnes les plus faibles et les plus agités ont toujours été parmi nous, comme partout ailleurs, les règnes funestes de son accroissement et de sa puissance ; et dès que l'harmonie civile se dément, toute la religion elle-même chancelle.

Aussi les plus saints rois de Juda, Sire, mêlaient les devoirs de la piété avec ceux de la royauté. Le pieux Josaphat[26], au sortir du temple où il venait tous les jours offrir ses vœux et ses sacrifices au Dieu de ses pères, envoyait, dit l'Écriture, dans toutes les villes de Juda, des hommes

23 Mc 4, 38 : « Maître, ne vous mettez-vous point en peine de ce que nous périssons ? »

24 *Se départir* : se séparer.

25 Allusions à l'Angleterre où l'Église a rompu avec l'autorité du pape en 1531 pour donner naissance à l'anglicanisme. Les trois guerres civiles anglaises (1642-1651) aboutissent à la condamnation à mort du roi et, en 1688-1689, la Glorieuse Révolution signe l'établissement de la monarchie parlementaire.

26 2 Ch 17-20. Connu seulement par la source biblique, Josaphat est présenté comme un roi de Juda particulièrement pieux, qui envoya des juges et des prêtres dans tout son royaume pour réformer l'organisation politique et religieuse.

habiles et des prêtres éclairés, pour rétablir l'autorité des lois et la pureté du culte, que les malheurs des règnes précédents avaient fort altérées.

David lui-même, malgré ses pieux cantiques[27] qui faisaient son occupation et ses plus chères délices[28], et qui instruiront jusqu'à la fin les peuples et les rois, paraissait sans cesse à la tête de ses armées et des affaires publiques ; ses yeux étaient ouverts sur tous les besoins de l'État ; et, ne pouvant suffire seul à tout, il allait chercher, jusqu'aux extrémités de la Judée, des hommes fidèles, pour les faire asseoir à ses côtés et partager avec eux les soins qui environnent le trône : *oculi mei ad fideles terrae, ut sedeant mecum*[29].

Les plus pieux rois vos prédécesseurs ont toujours été les plus appliqués à leur peuple. Celui surtout que l'Église honore d'un culte public[30], descendait même dans le détail des différends de ces sujets[31] ; et, comme il en était le père, il ne dédaignait pas d'en être l'arbitre. Jaloux des droits de sa couronne, il voulait la transmettre à ses successeurs avec le même éclat et les mêmes prérogatives qu'il l'avait reçue de ses pères. Il croyait que l'innocence de la vie seule ne suffit pas au souverain, qu'il doit vivre en roi pour vivre en saint, et qu'il ne saurait être l'homme de Dieu, s'il n'est pas l'homme de ses peuples.

Il est vrai, Sire, que la piété dans les grands va quelquefois dans un autre excès. Elle les jette dans une multitude de soins et de détails inutiles ; ils se croient obligés de tout voir de leurs yeux et de tout toucher de leurs mains ; les plus grandes affaires les trouvent souvent insensibles, tandis que les plus petits objets réveillent leur attention et leur zèle ; ils ont les sollicitudes de l'homme privé, ils n'ont pas celles de l'homme public ; ils peuvent avoir la piété du sujet, ils n'ont pas celle du prince. Ce n'est pas à eux cependant à abandonner le gouvernail pour vaquer à des fonctions obscures qui n'intéressent pas la sûreté publique : leurs mains sont premièrement destinées à manier ces ressorts principaux des États qui font mouvoir toute la machine ; et tout doit être grand dans la piété des grands.

---

27 C'est-à-dire les psaumes.

28 Le nom « délice » est généralement considéré comme féminin lorsqu'il est employé au pluriel.

29 Ps 101 (100), 6 : « Mes yeux ne regardaient sur la terre que ceux qui étaient vraiment fidèles, afin de les faire asseoir près de moi ; et je n'avais pour ministre et pour officier que celui qui marchait dans une voie innocente. »

30 Louis IX, qui a été canonisé sous le nom de saint Louis de France.

31 Référence à l'image populaire de saint Louis rendant la justice, assis sous un chêne.

SECONDE PARTIE

Mais si l'inaction en[32] est le premier écueil, l'incertitude et l'indécision, que traîne d'ordinaire après soit une conscience timide et scrupuleuse, ne paraissent pas moins à craindre.

Ce n'est pas que je prétende autoriser ici cette sagesse profane qui fait toujours marcher les intérêts de l'État avant ceux de l'Évangile, ni cette erreur commune qui ne croit pas l'exactitude des règles de l'Évangile compatible avec les maximes du gouvernement et les intérêts de l'État.

Dieu, qui est auteur des empires, ne l'est-il pas des lois qui les gouvernent ? A-t-il établi des puissances qui ne puissent se soutenir que par le crime ? Et les rois seraient-ils son ouvrage, s'ils ne pouvaient régner sans que la fraude et l'injustice fussent les compagnes inséparables de leur règne ? N'est-ce pas la justice et le jugement[33] qui soutiennent les trônes ? La loi de Dieu ne doit-elle pas être écrite sur le front du souverain, comme la première loi de l'empire ? Et, s'il fallait toujours la violer pour maintenir la tranquillité des sociétés humaines, ou la loi de Dieu serait fausse, ou les sociétés humaines ne seraient pas ouvrage de Dieu.

Quelle erreur, mes frères, de se persuader que ceux qui sont en place ne doivent pas regarder de si près à la rigidité[34] des règles saintes ; que les empires et les monarchies ne se mènent point par des maximes de religion ; que la loi de Dieu est la règle du particulier, mais que les États ont une règle supérieure à la loi de Dieu même ; que tout tomberait dans la langueur et dans l'inaction, si les maximes du christianisme conduisaient les affaires publiques ; et qu'il n'est pas possible d'être en même temps et l'homme de l'État et l'homme de Dieu !

Quoi ! mes frères, la justice, la vérité, la bonne foi, seraient funestes au gouvernement des États et des empires ! La religion, qui fait tout le bonheur et toute la sûreté des peuples et des rois, en deviendrait elle-même l'écueil ! Un bras de chair soutiendrait plus sûrement les royaumes que la main de Dieu, qui les a élevés ! Les peuples ne pourraient devoir l'abondance et la tranquillité qu'à la fraude et à la mauvaise foi de ceux

32 Le pronom « en » reprend « la piété des grands ».
33 *Jugement* : discernement, sagesse.
34 *Rigidité* : stricte observance.

qui les gouvernent ! Et les ministres des rois ne pourraient acheter que par la perte de leur salut le salut de la patrie ! Quel outrage pour la religion et pour tant de bons rois qui n'ont régné heureusement[35] que par elle !

J'avoue, Sire, que lorsque le souverain est ambitieux et médite des entreprises injustes, l'artifice et la mauvaise foi deviennent comme inévitables à ses ministres, ou pour cacher ses mauvais desseins, ou pour colorer ses injustices. Mais que le prince soit juste et craignant Dieu, la justice et la vérité suffiront alors pour soutenir un trône qu'elles-mêmes ont élevé : l'habileté de ses ministres ne sera plus que dans leur équité et dans leur droiture : on ne donnera plus à la fraude et à la dissimulation les noms pompeux d'art de régner et de science des affaires. En un mot, donnez-moi des David et des Pharaon amis du peuple de Dieu, et ils pourront avoir des Nathan et des Joseph pour leurs ministres[36].

C'est donc déshonorer la religion, dit saint Augustin, de croire qu'elle ne doit pas être consultée dans le gouvernement des républiques et des empires[37]. Mais c'est lui faire un égal outrage de prendre dans une piété mal entendue des motifs d'indécision et d'incertitude qui entrevoient partout les apparences du mal, et qui opposent sans cesse un fantôme de religion aux entreprises les plus justes et aux maximes les plus capitales.

C'est à la sagesse humaine et corrompue à être incertaine et timide ; toujours enveloppée sous de fausses apparences, elle doit toujours craindre qu'un coup d'œil plus heureux ne la perce enfin et ne la démasque. Mais la sagesse qui vient du ciel nous rend plus décidés et plus tranquilles ; on marche avec bien plus de sécurité quand on ne veut marcher que dans la lumière. L'homme vertueux tout seul a droit d'aller la tête levée, et de défier la prudence timide et incertaine de l'homme trompeur : une sainte fierté sied bien à la vérité.

Aussi c'est se faire une fausse idée de la piété, de se la figurer toujours timide, faible, indécise, scrupuleuse, bornée, se faisant un crime de ses devoirs et une vertu de ses faiblesses ; obligé d'agir, et n'osant entreprendre ; toujours suspendue entre les intérêts publics et ses pieuses frayeurs, et ne faisant usage de la religion que pour mettre le trouble

---

35 *Heureusement* : avec succès.

36 Nathan annonce au roi David le châtiment qui le frappera pour avoir tué Urie le Hittite et pris sa femme (2 S 12). Joseph devient gouverneur d'Égypte après avoir interprété les rêves de Pharaon (Gn 41).

37 Référence à *La Cité de Dieu* de saint Augustin (354-430).

et la confusion où elle aurait dû mettre l'ordre et la règle. Ce sont là les défauts que les hommes mêlent souvent à la piété, mais ce ne sont pas ceux de la piété même. C'est le caractère d'un esprit faible et borné, mais ce n'est pas une suite de l'élévation et de la sagesse de la religion. En un mot, c'est l'excès de la vertu ; mais la vertu finit toujours où l'excès commence.

Non, Sire, la piété véritable élève l'esprit, ennoblit le cœur, affermit le courage. On est né pour de grandes choses quand on a la force de se vaincre soi-même. L'homme de bien est capable de tout dès qu'il a pu se mettre par la foi au-dessus de tout. C'est le hasard qui fait les héros ; c'est une valeur de tous les jours qui fait le juste. Les passions peuvent nous placer bien haut, mais il n'y a que la vertu qui nous élève au-dessus de nous-mêmes.

Quel règne, Sire, plus glorieux en Israël que celui de Salomon, tandis qu'il demeura fidèle à la loi de ses pères[38] ? Quel gouvernement plus sage et plus absolu[39] ? Tous les raffinements de la politique ont-ils jamais poussé si loin l'art de régner et de conduire les peuples ? Quelle gloire et quelle magnificence environnait[40] son trône ! La piété en avilissait-elle la majesté ? Quel prince vit jamais ses sujets plus soumis, ses voisins s'estimer plus heureux de son alliance, et des souverains à la tête des empires plus vastes et plus puissants que le sien avoir pour sa personne des égards et des déférences qu'ils ne devaient pas à sa couronne[41] ? Les sages des autres nations ne se regardaient-ils pas comme des insensés devant lui ? Ne venait-on pas des contrées les plus éloignées[42] admirer l'ordre et l'harmonie qui lui faisait gouverner tous ses sujets comme un seul homme ? N'est-ce pas dans les préceptes divins[43] qu'il nous a laissés que les princes apprennent encore tous les jours à régner ? Et la piété serait-elle l'écueil du gouvernement, puisque c'est elle seule qui lui valut la sagesse ?

Heureux s'il ne fût pas sorti de ses premières voies, et si les égarements de sa vieillesse n'eussent pas flétri la gloire de son règne et altéré

38 1 R 4-5.

39 *Absolu* : achevé.

40 Accord du verbe au pluriel pour deux noms coordonnés qui entretiennent un rapport de quasi synonymie.

41 Allusion à l'alliance de Salomon avec Hiram, roi de Tyr (1 R 5, 15-26).

42 Allusion à la reine de Saba (1 R 10).

43 Salomon est considéré comme l'auteur du livre des Proverbes et du livre de la Sagesse.

le bonheur de ses sujets ! Ils ne commencèrent à éprouver des charges excessives est nécessaires d'être heureux que lorsqu'il cessa lui-même d'être fidèle à Dieu, et que, corrompu par les femmes étrangères, il ne mit plus de bornes à ses profusions et à l'oppression de ses peuples, et prépara à ses fils le soulèvement qui sépara dix tribus du royaume de David, et leur donna un nouveau maître[44].

Hélas ! les hommes, pour excuser leurs vices, cherchent à décrier la vertu : comme elle est incommode aux passions, ils voudraient se persuader qu'elle est funeste à la conduite des États et des empires, et lui opposer l'intérêt public, pour se cacher à soi-même l'intérêt personnel, qui seul en nous s'oppose à elle. La crainte du seigneur est la seule source de la véritable sagesse ; et ce qui met l'ordre dans l'homme peut seul le mettre dans les États.

TROISIÈME PARTIE

Enfin l'indécision et l'incertitude conduisent souvent au préjugé et à la surprise ; c'est le dernier écueil de la piété des grands.

Oui, mes frères, la piété a ses erreurs comme le vice. Plus on aime la vérité, plus tout ce qui se couvre de ses apparences peut nous séduire : la vertu, simple et sincère, juge des autres par elle-même. C'est presque toujours notre propre obliquité[45] qui nous instruit à la défiance[46] ; on est moins en garde contre la fraude et l'artifice, quand on n'a jamais fait usage que de la droiture et de la simplicité ; et les justes sont plus exposés à être surpris, parce qu'ils ignorent eux-mêmes l'art de surprendre.

Mais c'est dans les grands surtout, Sire, que la piété doit craindre les préjugés et la surprise ; outre que les suites en sont plus dangereuses,

44 Alors qu'il est âgé, Salomon, qui a épousé sept cents femmes et pris trois cents concubines, laisse se développer le paganisme sous leur influence, provoquant ainsi la colère de Dieu (1 R 11, 4-13). La division du royaume de Salomon est annoncée par le prophète Ahiyya à Jéroboam (1 R 11, 26-39).

45 *Obliquité* : sournoiserie, duplicité. Emploi moral d'un terme généralement réservé à la géométrie et à l'astronomie.

46 Construction de « instruire quelqu'un à » avec un un nom, aussi bien qu'avec un infinitif.

c'est que, nés, disait autrefois Assuérus[47], plus droits et plus sincères, ils sont d'autant plus susceptibles de préjugés qu'ils aiment moins la peine de l'examen et l'embarras de la défiance, et qu'ils trouvent plus court et plus aisé de juger sur ce qu'on leur dit que de l'approfondir et de s'en convaincre : *dum aures principum simplices, et ex sua natura alios aestimantes, callida fraude decipiunt*[48].

Et de combien de sortes de préjugés la piété dans les grands ne peut-elle pas les rendre capables ! Préjugés de crédulité. C'est la piété elle-même qui ouvre souvent leurs oreilles à la malignité de la calomnie ; et plus ils aiment la vertu, plus aisément on leur rend suspects de dissolution et de vice ceux qu'une basse jalousie a intérêt de perdre. Mais tout le zèle qui cherche à nuire doit leur être suspect : la véritable piété, ou ne croit pas facilement le mal, ou, loin de le publier, le cache du moins et l'excuse : elle ne cherche pas à rendre son frère odieux à ses maîtres, elle ne cherche qu'à le réconcilier avec Dieu ; les délations secrètes se proposent plus le renversement de la fortune d'autrui que le règlement de ses mœurs ; et d'ordinaire le délateur découvre plus ses propres vices que les vices de son frère.

Préjugés de confiance. L'hypocrite prend souvent auprès d'eux la place de l'homme de bien : ils donnent aux apparences de la piété l'accès[49], les places, la confiance, qui n'étaient dues qu'à la piété elle-même ; ils chargent de soins publics ceux qui, par leurs lumières bornées[50], n'étaient nés que pour vaquer aux fonctions les plus obscures. Des mœurs réglées tiennent lieu auprès d'eux des plus grands talents et des services les plus importants ; et ils décrient la vertu par les faveurs mêmes dont ils l'honorent.

Enfin, préjugés de zèle. C'est ici où les princes les plus pieux ont trouvé souvent dans leur zèle même l'écueil de leur piété. Les Constantin[51], les Théodose[52], ont vu autrefois leur amour pour l'Église se tourner contre

47 Voir le sermon pour le premier dimanche, note 29.

48 Ce verset de la Vulgate est issu de la version de la Septante du livre d'Esther (addition E), qui ne figure pas dans la Bible de Port-Royal : « C'est que ces amis, par les fourberies mensongères de la malice, avaient trompé l'entière bonne foi des souverains » (trad. TOB, 8 E 6).

49 *Accès* : facilité avec laquelle une personne se laisse approcher.

50 *Leurs lumières bornées* : leur intelligence limitée.

51 L'empereur Constantin (272-337), qui s'était converti au christianisme, veille à préserver l'unité de l'Église, à travers le premier concile de Nicée (325). À la fin de sa vie, il se rapproche de la doctrine arianiste, affirmant que le Christ n'est pas de même nature que le Père, alors qu'elle a été condamnée par le concile.

52 Avec l'édit de Thessalonique (380), l'empereur Théodose (347-395) adopte le christianisme tel qu'il a été fixé par le concile de Nicée. Le sénateur Nectaire, que Théodose propose

l'Église même, et favoriser l'erreur par un zèle de la vérité. Les princes, Sire, ne doivent toucher à la religion que pour la protéger et pour la défendre : leur zèle n'est utile à l'Église que lorsqu'il est demandé par les pasteurs. Les sollicitations des dépositaires de la doctrine sont les seules qui doivent avoir du crédit auprès d'eux, lorsqu'il s'agit de la doctrine elle-même ; toute autre voix que la voix unanime des pasteurs doit leur être suspecte. C'est ici où ils ne doivent se réserver que l'honneur de la protection, et leur laisser[a] celui de la décision et du jugement. Les évêques sont leurs sujets ; mais ils sont leurs pères selon la foi. Leur naissance les soumet à l'autorité du trône ; mais sur les mystères de la foi, l'autorité du trône fait gloire de se soumettre à celle de l'Église. Les princes n'en sont que les premiers enfants ; et nos rois ont toujours regardé le titre de ses fils aînés comme le plus beau titre de leur couronne[53]. Ils n'ont point d'autre droit que de faire exécuter ses décrets, et, en s'y soumettant les premiers, donner l'exemple de la soumission aux autres fidèles. Dès qu'ils ont voulu aller plus loin, et usurper sur la doctrine[54] un droit réservé au sacerdoce, ils ont aigri les maux de l'Église loin d'y remédier ; leurs tempéraments ont été de nouvelles plaies et enfanté de nouveaux excès. Toutes les conciliations inventées pour calmer les esprits rebelles et les ramener à l'unité, les ont autorisés dans leur séparation et leur révolte ; et leur autorité a toujours perpétué les erreurs, quand elle a voulu se mêler toute seule de les rapprocher de la vérité[55]. Ils peuvent environner l'arche et la garder comme David[56] ; mais ce n'est pas à eux à y porter les mains. Le trône est élevé pour être l'appui et l'asile de la doctrine sainte ; mais il ne doit jamais en être la règle, ni le tribunal d'où partent ses décisions[57].

Hélas ! si les passions et les intérêts humains n'environnaient pas le trône, sans doute la piété des souverains serait la plus sûre ressource de

---

comme évêque de Constantinople, va se montrer ambigu dans les débats contre les ariens.

53 Allusion au titre de « roi très chrétien » attribué au roi de France, que la tradition fait alors remonter au baptême de Clovis.

54 *Sur la doctrine* : en matière de doctrine.

55 Peut-être allusion à l'édit de Nantes, promulgué par Henri IV en 1598 pour mettre un terme aux guerres de Religion. Il fut considéré par une partie des catholiques comme un acte de compromission et rapidement limité dans ses applications, jusqu'à être révoqué en 1685 par Louis XIV.

56 Le roi David amène l'arche d'alliance à Jérusalem (2 S 6, 1-19)

57 Massillon s'oppose à l'affirmation de la monarchie comme structure politique et morale supérieure à celle du catholicisme, qui s'est progressivement fait entendre à partir de François Ier et avec une force toute particulière sous Louis XIV.

l'Église ; mais souvent, ou l'on fait agir leur religion contre leurs propres intérêts, ou l'on se sert du vain prétexte de leurs intérêts pour les faire agir contre la religion même[58].

Les préjugés sont donc presque inévitables à la piété des grands ; mais c'est l'obstination dans le préjugé qui rend le mal plus incurable. Il ne leur est pas honteux d'avoir pu être surpris[59]. Hélas ! comment pourraient-ils s'en défendre ? Tout ce qui les environne presque[60] s'étudie à les tromper : est-il étonnant que l'attention se relâche quelquefois, et qu'ils puissent se laisser séduire ? L'artifice est plus habile et plus persévérant que la défiance ; il prend toutes les formes, et met à profit tous les moments : et quand tout ceux presque qui nous approchent ont intérêt que nous nous trompions, nos précautions elles-mêmes les aident souvent à nous conduire au piège.

Mais, Sire, s'il n'est pas honteux aux princes d'être surpris, malheur inévitable à l'autorité suprême, il leur est glorieux d'avouer qu'ils ont pu l'être. Rien n'est plus grand dans le souverain que de vouloir être détrompé, et d'avoir la force de convenir soi-même de sa méprise. Assuérus ne crut point déroger à la majesté de l'empire en déclarant, même par un édit public, que sa bonne foi avait été surprise par les artifices d'Aman[61]. C'est un mauvais orgueil de croire qu'on ne peut avoir tort ; c'est une faiblesse de n'oser reculer quand on sent qu'on nous a fait faire une fausse démarche. Les variations qui nous ramènent au vrai affermissent l'autorité, loin de l'affaiblir. Ce n'est pas se démentir que de revenir de sa méprise : ce n'est pas montrer aux peuples l'inconstance du gouvernement ; c'est leur en étaler l'équité et la droiture. Les peuples savent assez et voient assez souvent que les souverains peuvent se tromper ; mais ils voient rarement qu'ils sachent[62] se désabuser[63] et convenir de leur méprise. Il ne faut pas craindre qu'ils respectent moins la

58 Allusion aux luttes menées par Louis XIV contre les jansénistes, jusqu'à l'ordre de démolition de l'abbaye de Port-Royal prononcé en 1710.

59 *Surprendre* : tromper.

60 L'adverbe « presque » porte ici sur le groupe pronominal qui le précède : presque tout ce qui les environne. De même, dans ce paragraphe, comprendre : presque tous ceux.

61 Est 7, 5-10.

62 Dans une proposition subordonnée complétive, l'emploi de l'indicatif est concurrencé par le subjonctif, dès lors que le verbe introducteur exprime une croyance douteuse ou se trouve soumis à une restriction (par l'hypothèse ou la négation). L'emploi du verbe « voir » relève ici de cette deuxième catégorie.

63 *Désabuser* : détromper.

puissance qui avoue son tort et qui se condamne elle-même ; leur respect ne s'affaiblit qu'envers celle ou qui ne le connaît pas ou qui le justifie : et dans leur esprit rien ne déshonore l'autorité que la faiblesse qui se laisse surprendre, et la mauvaise gloire qui croirait s'avilir en convenant de son erreur et de sa surprise.

Sire, fermez l'oreille aux mauvais conseils et aux insinuations dangereuses de l'adulation ; mais comme elles se couvrent du voile du bien public, et que tôt ou tard elles trouvent accès auprès du trône, si l'inattention vous les a fait suivre, que l'intérêt seul de votre gloire quand vous serez détrompé, vous les fasse à l'instant désavouer. Il est encore plus glorieux d'avouer sa surprise[64] que de n'avoir pas été surpris. Rien n'est plus beau dans le souverain qui ne dépend de personne que[b] de vouloir toujours dépendre de la vérité. On craindra de vous imposer, quand l'imposture et l'adulation démasquée n'aura plus à attendre que votre désaveu et votre colère. C'est l'orgueil des rois tout seul qui autorise et enhardit les adulations et les mauvais conseils : et s'il est vrai que ce sont d'ordinaire les adulateurs qui font les mauvais rois, il est encore plus vrai que ce sont les mauvais rois qui forment et multiplient les adulateurs.

C'est en évitant ces écueils que la piété des grands deviendra respectable, qu'ils lui rendront la gloire et la dignité[c] que les dérisions du monde où les faiblesses de la fausse vertu lui ont presque ôtées, et qu'on n'entendra plus se perpétuer parmi les hommes ce blasphème si injurieux à la religion : que[65] les princes pieux sont les moins propres à gouverner, et que la piété peut en faire de grands saints, mais qu'elle n'en fera jamais de grands rois.

Puissent ces discours licencieux, Sire, ne jamais blesser l'innocence de vos oreilles ! Mais si l'adulation ose les porter un jour jusques au pied de votre trône, qu'il en sorte des éclairs et des foudres pour confondre ces ennemis de la religion et de votre véritable gloire ! Écoutez ces adulations impies comme des blasphèmes contre la majesté des rois, comme des outrages faits à vos plus glorieux ancêtres, aux Charlemagne, aux saint Louis, à votre auguste bisaïeul. C'est par une piété tendre et sincère qu'ils devinrent de grands rois. Leur zèle pour la religion les a encore plus illustrés[66] que leurs victoires. Les louanges que l'Église leur donnera à

---

64 *Surprise* : tromperie (ici, tromperie dont un souverain serait victime).

65 *Que* : à savoir que.

66 *Illustrer* : rendre célèbre.

jamais dureront autant que l'Église elle-même. Leurs grandes actions, ou auraient été ensevelies dans la révolution des temps, ou n'eussent eu qu'un éclat vulgaire, si la piété ne les eût immortalisées.

Soyez, Sire, comme eux le défenseur de la gloire de Dieu, et il ne permettra pas que la vôtre s'efface jamais de la mémoire des hommes. Justifiez, en vous proposant ces grands modèles, que la piété ne déshonore point les rois ; que les passions toutes seules avilissent le trône et dégradent le souverain ; qu'on n'est pas digne de régner quand on ne règne pas sur soi-même ; et que, pour être dans les âges suivants aussi grands qu'eux[67] aux yeux des hommes, il faut avoir été comme eux fidèles à Dieu.

Grand Dieu, plus le trône est environné de pièges, plus les rois ont besoin que vous les environniez de votre protection et des secours de votre grande miséricorde. Mais plus une tendre jeunesse et une enfance délaissée[68] à elle-même et à tous les périls de la royauté expose cet enfant auguste, plus il doit devenir l'objet de vos soins et de votre tendresse paternelle.

Armez de bonne heure l'innocence de son cœur contre les dérisions qui avilissent la piété, et contre les écueils de la piété même : donnez-lui ces vertus qui sanctifient l'homme, et qui font en même temps le grand roi : faites qu'il respecte ceux qui vous servent, et qu'il serve lui-même le Dieu de ses pères avec cette majesté qui seule peut rendre les rois respectables.

Jetez les yeux sur lui du haut du ciel, grand Dieu ; et voyez ici à vos pieds cet enfant auguste et précieux, la seule ressource de la monarchie, l'enfant de l'Europe, le gage sacré de la paix des peuples et des nations. Les entrailles de votre miséricorde[69] n'en sont-elles pas émues ? Regardez-le, grand Dieu, avec les yeux et la tendresse de toute la nation.

Écoutez la première voix de son cœur innocent, qui vous dit ici, comme autrefois un saint roi : Dieu de mes pères, regardez-moi ; laissez-vous toucher de pitié à la vue des périls que mon âge et mon rang me préparent, et qui vont m'entourer de toutes parts au sortir de l'enfance : *respice in me, et miserere mei*[70]. Soyez vous-même le défenseur de mon trône

---

67 « Eux » reprend « ces grands modèles ».

68 L'adjectif « délaissé » s'emploie habituellement sans complément, à la différence du participe « laissé », suivi d'un complément introduit par « à ».

69 Les entrailles de votre miséricorde : expression évangélique (voir Lc 1, 78 ; Col 3, 12).

70 Ps 86 (85), 16 : Regardez-moi favorablement, et ayez pitié de moi.

et de ma jeunesse. Conservez l'empire à l'enfant de tant de rois, et qui ne connaît pas de titres plus glorieux que d'être le premier-né de vos enfants : *da imperium puero tuo*[71].

Mais que la conservation d'une couronne terrestre, grand Dieu, ne soit pas le seul de vos bienfaits. Sauvez le fils d'Adélaïde, des Blanche, des Clotilde[72], et de tant de pieuses princesses qui me portent encore devant vous dans leur sein comme l'enfant de leur amour et de leurs plus chères espérances[73] : *et salvum fac filium ancillae tuae*[74]. Et puisque l'innocence attire toujours sur elle vos regards les plus propices et les plus tendres, conservez-la moi, grand Dieu, aussi longtemps que ma couronne, afin qu'après avoir régné par vous heureusement sur la terre, je puisse régner avec vous éternellement dans le ciel. Ainsi soit-il.

71 Ps 86 (85), 16 : Donnez votre souverain pouvoir à votre serviteur.

72 Marie-Adélaïde de Savoie (1685-1712), mère de Louis XV. Blanche de Castille (1188-1252), épouse de Louis VIII et mère de saint Louis. Clotilde (*c.* 474-546), épouse de Clovis ; elle contribue à la conversion de celui-ci.

73 Dans cette prière qui lui est attribuée, le jeune Louis XV se présente comme l'enfant des pieuses femmes qui se sont succédé dans l'histoire de la monarchie française.

74 Ps 86 (85), 16 : Et sauvez le fils de votre servante.

SERMON POUR LE VENDREDI SAINT

Sur les obstacles que la vérité trouve dans le cœur des grands

Astiterunt reges terrae, et principes convenerunt in unum, adversus Dominum et adversus Christum ejus.

« Les rois de la terre se sont présentés, et les princes se sont assemblés contre le Seigneur et contre son Christ. »
(Ps 2, 2)

Sire,

Toutes les puissances de la terre semblent se réunir aujourd'hui pour condamner Jésus-Christ à la mort ; et la mort de Jésus-Christ n'est qu'une condamnation éclatante des passions des grands et des puissants de la terre.

C'est un pontife[1] éternel qui s'offre lui-même pour son peuple, comme la seule victime capable d'expier ses iniquités et d'apaiser la colère de Dieu ; c'est un ministre et un envoyé de son père, qui rend témoignage par son sang à la vérité de sa mission et de son ministère ; c'est un roi qui entre en possession, par sa mort, de l'empire de l'univers : il réunit en sa personne tous les titres glorieux dont l'orgueil des hommes se pare.

Cependant ce pontife est livré aujourd'hui par la jalousie des grands prêtres ; ce ministre et cet envoyé du ciel oppose en vain son innocence à l'ambition et à la lâcheté d'un ministre de César[2] ; ce roi, à qui toutes

1 *Pontife* : prêtre, ministre du culte. Avec les trois expressions « un pontife éternel », « un ministre et un envoyé de son père » et « un roi », Massillon reprend les trois titres de Jésus-Christ, prêtre, prophète et roi, qui apparaissent en particulier dans la liturgie du baptême.

2 Périphrase désignant Pilate.

les nations ont été données comme son héritage, devient le jouet de l'indifférence et de la vaine curiosité d'un roi usurpateur de la Judée[3]. Il fallait que tout ce qui porte le nom de grand sur la terre, la jalousie des pontifes, la lâcheté de Pilate et l'indifférence d'Hérode, en condamnant Jésus-Christ, fissent éclater sa grandeur et sa puissance : *adstiterunt reges terrae*, etc.

De toutes les instructions que nous offre aujourd'hui le spectacle de la croix, il n'en n'est pas ici de plus convenable ; et puisque nous ne saurions en exposer à votre piété toutes les circonstances, contentons-nous de vous y montrer les obstacles que la vérité trouve dans le cœur des grands de la terre ; c'est-à-dire Jésus-Christ condamné à la mort par les passions des grands, et les passions des grands condamnées par la mort de Jésus-Christ.

PREMIÈRE PARTIE

Sire,

La vérité, toujours odieuse aux grands, trouve encore aujourd'hui sur la terre les mêmes ennemis qui l'attachèrent autrefois avec Jésus-Christ sur la croix ; la jalousie la persécute, un lâche intérêt la sacrifie, l'indifférence la méprise, et la tourne même en risée.

Mais de toutes les passions que les hommes opposent à la vérité, la jalousie est la plus dangereuse, parce qu'elle est la plus incurable ; c'est un vice qui mène à tout, parce qu'on se le déguise toujours à soi-même ; c'est l'ennemi éternel du mérite et de la vertu ; tout ce que les hommes admirent l'enflamme et l'irrite ; il ne pardonne qu'au vice et à l'obscurité ; il faut être indigne des regards publics pour mériter ses égards et son indulgence.

Si les prodiges de Jésus-Christ avaient moins éclaté dans la Judée, les princes des prêtres[4], moins éblouis de sa gloire, ne lui eussent pas disputé son innocence ; et leur zèle jaloux ne l'aurait pas trouvé digne

3 Hérode. Voir Lc 23, 8.
4 Les princes des prêtres : les grands prêtres. Massillon traduit le latin *pontifices* (Jn 11, 47).

de mort, s'il ne l'eût été des louanges et des acclamations publiques : *quid facimus, quia hic homo multa signa facit*[5] ?

Telle est l'impression de haine et de jalousie que la grande renommée de Jésus-Christ fait sur le cœur des pontifes et des prêtres, des dépositaires de la loi et de la religion. Mais, hélas ! faut-il que le sanctuaire lui-même devienne presque toujours l'asile d'une passion si méprisable ; que les dons éclatants de l'esprit de paix et de charité mettent l'amertume et la division parmi ses ministres ; que la moisson si abondante, et qui manque d'ouvriers[6], excite des sentiments de jalousie parmi le petit nombre de ceux qui travaillent ; que les anges destinés au ministère[7] ne puissent arracher les scandales du royaume de Jésus-Christ sans y en mettre souvent un nouveau ; que dès la naissance de l'Évangile cette triste zizanie[8] se soit glissée parmi ses plus saints ouvriers, et que l'Église souvent soit presque aussi affligée par le faux zèle qui la défend que par l'erreur même qui l'attaque ! Pourvu que Jésus-Christ soit annoncé, la gloire n'en est-elle pas commune à tous ceux qui l'aiment ? Ne partageons-nous pas ses triomphes dès que nous ne combattons que pour lui ? Et tous les succès qui agrandissent son royaume ne deviennent-il pas les nôtres ? C'est lui seul qui donne l'accroissement, et nos faibles travaux ne sont plus comptés pour rien dès que nous les comptons nous-mêmes pour quelque chose.

Tous les traits les plus odieux semblent se réunir dans un cœur où domine cette passion injuste[9]. Cependant c'est le vice et comme la contagion universelle des cours, et souvent la première source de la décadence des empires : il n'est point de bassesse que cette passion ou ne consacre ou ne justifie ; elle éteint même les sentiments les plus nobles de l'éducation et de la naissance ; et dès que ce poison a gagné le cœur, on trouve des âmes de boue où la nature avait d'abord placé des âmes grandes et bien nées.

La mauvaise foi n'est plus comptée pour rien : ces grands prêtres cherchent eux-mêmes de faux témoignages contre Jésus-Christ ; eux qui devaient proscrire ces hommes infâmes qui font un trafic honteux

---

5 Jn 11, 47 : Que faisons-nous ? Cet homme fait plusieurs miracles.

6 Mt 9, 37 ; Lc 10, 2.

7 « Les anges destinés au ministère » : les prêtres. Massillon fait allusion aux dissensions qui déchirent l'Église catholique en France, cinq ans après la promulgation de la bulle *Unigenitus* par le pape Clément XI. Ce décret condamnait cent une propositions extraites des *Réflexions morales* de Pasquier Quesnel, provoquant la colère des jansénistes, parmi lesquels quatre évêques appellaient en 1717 à une réaction contre le pape.

8 Mt 13, 24-30.

9 *Cette passion injuste* : c'est-à-dire la jalousie.

de la vérité et de l'innocence des autres hommes, ils se les associent, et favorisent le crime qui favorise leur passion.

C'est ainsi que ce vice ne rougit point de se faire des appuis honteux et méprisables. Les hommes les plus décriés et les plus perdus, on les adopte dès qu'ils veulent bien adopter et servir l'amertume secrète qui nous dévore ; ils nous deviennent chers dès qu'ils peuvent devenir les vils instruments de notre passion ; et ce qui devait[a] les rendre encore plus hideux à nos yeux efface en un instant toutes leurs taches. Le monde ne manque jamais de ces hommes vendus à l'iniquité, dont l'unique emploi est de noircir auprès des grands ceux qui ont le malheur de leur déplaire, ou qui plaisent trop pour être de leur goût ; et ces hommes corrompus, et qu'on devrait bannir de la société, ne manquent jamais de trouver des grands qui les écoutent et qui les protègent. On érige en mérite le zèle qu'ils étalent pour nos intérêts, et on leur fait une vertu d'un ministère infâme dont on rougit tout bas soi-même : Doëg l'Iduméen[10] devient cher à Saül dès qu'il devient le ministre de sa jalousie et de sa haine contre David.

Mais de quoi n'est pas capable un cœur que la jalousie noircit et envenime ! Non seulement on applaudit à l'imposture, mais on ne craint pas de s'en rendre coupable soi-même. Ces pontifes, témoins des prodiges et de la sainteté de Jésus-Christ, ne pouvant ignorer qu'il est fils de David, et descendu des rois de Juda, ayant ouï de sa propre bouche qu'il fallait rendre à Dieu ce qui est à Dieu, et à César ce qui est à César[11], le font pourtant passer pour un séditieux, un ennemi de César, et qui veut en usurper la souveraine puissance, un impie qui veut renverser la loi et le temple de ses pères[12] ; enfin pour un homme de néant, né dans la boue et dans la plus vile populace.

Cette passion amère est comme une frénésie qui change tous les objets à nos yeux ; rien ne nous paraît plus sous sa forme naturelle. David a beau remporter des victoires sur les Philistins et assurer la couronne à son maître ; aux yeux de Saül ce n'est plus qu'un ambitieux qui veut monter lui-même sur le trône[13]. En vain Jérémie[14] justifie la vérité de ses prédictions par les événements et par la sainteté de sa vie ; les

---

10 Doëg l'Iduméen (ou l'Endomite) dénonce David au roi Saül (1 S 22, 6-23).

11 Mt 22, 21 ; Mc 12, 17 ; Lc 20, 24.

12 Lc 23, 1-5.

13 1 S 18-22.

14 Dans le livre biblique qui porte son nom, le prophète Jérémie annonce que la colère de Dieu contre son peuple infidèle, avec la ruine de Jérusalem et l'exil à Babylone. Ni Josias,

prêtres jaloux de sa réputation, publient que c'est un imposteur et un traître qui annonce les malheurs et la ruine entière de Jérusalem, plus pour décourager ses citoyens et favoriser l'ennemi, que pour prévenir la destruction entière de sa patrie.

Tout s'empoisonne entre les mains de cette funeste passion ; la piété la plus avérée n'est plus qu'une hypocrisie mieux conduite, la valeur la plus éclatante, une pure ostentation, ou un bonheur qui tient lieu de mérite ; la réputation la mieux établie, une erreur publique où il entre plus de prévention que de vérité ; les talents les plus utiles à l'État, une ambition démesurée qui ne cache qu'un grand fonds de médiocrité et d'insuffisance ; le zèle pour la patrie, un art de se faire valoir et de se rendre nécessaire ; les succès même les plus glorieux, un assemblage de circonstances heureuses qu'on doit à la bizarrerie du hasard plus qu'à la sagesse des mesures ; la naissance la plus illustre, un grand nom sur lequel on est enté[15], et qu'on ne tient pas de ses ancêtres.

Enfin la langue du jaloux flétrit tout ce qu'elle touche, et ce langage si honteux est pourtant le langage commun des cours ; c'est lui qui lie les sociétés et les commerces[16] ; chacun se cache la plaie secrète de son cœur, et chacun se la communique ; on a honte du nom du vice, et l'on se fait honneur du vice même.

Enfin il emprunte même les apparences du zèle et de l'amour du bien public ; les intérêts de la nation et de la conservation du temple et de la loi[17] paraissent consacrer[18] la jalousie des pontifes contre Jésus-Christ.

Le zèle du bien public devient tous les jours comme la décoration et l'apologie de ce vice. Il semble qu'on ne craint que pour l'État, et on n'envie que les places de ceux qui gouvernent : on blâme les choix du maître comme tombant sur des sujets incapables ; mais ce n'est pas l'intérêt public qui nous pique[19], c'est la jalousie et le chagrin de n'avoir

roi de Juda, ni son fils Sédécias n'écoutèrent les paroles de Jérémie, et Nabuchodonosor, roi de Babylone, s'empara de Jérusalem.

15 *Enter* : greffer. L'emploi de ce verbe au sens moral est avéré en langue classique (chez La Bruyère ou Saint-Simon par exemple).

16 *Commerce* : relations en société.

17 Lc 23, 2 : Et ils commencèrent à l'accuser, en disant : Voici un homme que nous avons trouvé pervertissant notre nation, empêchant de payer le tribut à César, et se disant Roi et le Christ.

18 *Consacrer* : rendre saint.

19 « Piquer, se dit aussi des choses qui nous flattent, ou qui nous choquent. Cet amoureux est piqué et charmé d'une telle dame. Ce brutal s'est piqué, s'est choqué d'une innocente

pas été nous-mêmes choisis : les places où nous aspirions ne sont jamais, selon nous, données au mérite ; la faveur du maître et le bien de l'État ne nous paraissent jamais aller ensemble ; on se donne pour amateur de la patrie, et on n'en aime que les honneurs et les prééminences. Aman[20] trouve la puissance et la religion des Juifs dangereuses à l'empire ; mais ce n'est pas l'État qu'il a dessein de sauver, c'est Mardochée qu'il veut perdre. Les courtisans de Darius[21] accusent Daniel d'avoir violé la loi des Perses ; mais ce n'est pas de la majesté de la loi dont ils sont jaloux, c'est la gloire et la faveur de Daniel qu'ils haïssent.

Tout est plein dans les cours de ces zèles de jalousie : on étale le titre de bon citoyen, et on cache dessous celui de jaloux ; on a sans cesse l'État dans la bouche et la jalousie dans le cœur ; on paraît contristé quand les événements sont malheureux, et ne répondent pas aux vues et aux mesures[22] de ceux qui sont en place ; et l'on s'applaudit plus du blâme qui en retombe sur eux qu'on n'est touché des maux qui en peuvent revenir à la patrie.

Et voilà un des plus tristes effets de cette passion infortunée. Ces pontifes demandent que le sang du juste soit sur eux et sur leurs enfants[23] : la désolation du temple et de la cité sainte, la cessation des sacrifices, la dispersion de Juda[24], la perte de tout ne leur paraît rien, pourvu que l'innocent périsse.

Et combien de fois a-t-on vu des hommes publics sacrifier l'État à leurs jalousies particulières ; faire échouer des entreprises glorieuses à la patrie, de peur que la gloire n'en rejaillît sur leurs rivaux ; ménager des événements capables de renverser l'empire, pour ensevelir leurs concurrents sous ses ruines, et risquer de tout perdre pour faire périr un seul homme ! Les histoires des cours et des empires sont remplies de

---

raillerie. On dit aussi qu'un homme est piqué au jeu, non seulement quand il veut se raquitter à quelque prix que ce soit, mais encore quand il s'opiniâtre à poursuivre une affaire, quelques obstacles qu'il y trouve. » (Furetière).

20 Livre d'Esther. Voir le sermon pour le premier dimanche, notes 29 et 32.

21 Dans le livre de Daniel, Darius le Mède est un roi de Babylone, qui reconnait l'esprit extraordinaire du prophète Daniel et veut le nommer gouverneur du royaume. Par jalousie, les ministres font signer à Darius un décret par lequel Daniel sera jeté aux lions pour avoir prié Dieu et non le roi (Dn 6).

22 *Mesure* : précaution.

23 Comprendre : retombe sur eux et sur leurs enfants.

24 Reprise de la référence au livre de Jérémie. Lorsque Jérusalem tombe aux mains de Nabuchodonosor, la ville est alors capitale du royaume de Juda.

ces traits honteux, et chaque siècle presque[25] en a vu de tristes exemples. Mais le véritable zèle du bien public ne cherche qu'à se rendre utile ; et à l'homme vertueux et qui aime l'État, les services tiennent lieu de récompense.

Première passion dans les pontifes, qui livre aujourd'hui Jésus-Christ : la jalousie ; mais, en second lieu, c'est un lâche intérêt dans Pilate qui le condamne.

SECONDE PARTIE

Oui, mes frères, la passion, le dieu des grands, c'est la fortune. Ils veulent plaire à César, et c'est le seul devoir qui les occupe ; tout ce qui favorise leur élévation s'accorde toujours avec leur conscience ; la probité qui nuirait à leur fortune, et qui leur ferait perdre la faveur du maître, n'est plus pour eux que la vertu des sots. Mais dès là qu'[26]on craint plus la disgrâce de César que le reproche de sa conscience, si l'on n'a pas encore sacrifié l'honneur et la probité, ce n'est pas le cœur et la volonté, c'est l'occasion qui a manqué aux plus grands crimes[27].

En effet, il paraît d'abord dans le caractère de Pilate des restes de droiture et de probité ; sa conscience s'élève en faveur de l'innocent ; il semble lui-même plaider sa cause ; il n'ose le délivrer, et il souhaite pourtant qu'on le délivre[28] : premier degré de l'ambition, la lâcheté. On aime le devoir et l'équité lorsqu'il est utile ou glorieux de se déclarer pour elle, qu'on peut compter sur les suffrages publics, que notre fermeté va nous donner en spectacle au monde, et que nous devenons plus grands aux yeux des hommes par la défense héroïque de la vérité que nous ne l'aurions été par la dissimulation et la souplesse[29] ; nous cherchons la

25 L'adverbe « presque » porte sur le groupe nominal qui précède.

26 *Dès là que* : dès lors que.

27 Comprendre : si l'on n'a pas encore sacrifié l'honneur et la probité et commis de grands crimes, ce n'est pas par courage et par volonté, mais faute d'une occasion.

28 Lc 23, 13-14 : « Pilate ayant donc fait venir les princes des prêtres, les sénateurs et le peuple, il leur dit : Vous m'avez présenté cet homme comme portant le peuple à la révolte ; et néanmoins, l'ayant interrogé en notre présence, je ne l'ai trouvé coupable d'aucun des crimes dont vous l'accusez ».

29 *Souplesse* : rouerie, fourberie.

gloire et les applaudissements dans le devoir, et presque toujours c'est la vanité qui donne des défenseurs à la vérité.

À la lâcheté succède la crainte. On menace Pilate de l'indignation de César[30] : *si hunc dimittis, non es amicus Caesaris*[31]. À cette raison, tous les droits les plus sacrés s'évanouissent, et ne sont plus comptés pour rien. On n'est pas digne de soutenir la justice et la vérité quand on peut aimer quelque chose plus qu'elle : une démarche opposée à l'honneur et à la conscience est bien plus à craindre pour une âme noble que la colère de César. Mais d'ailleurs, Sire, c'est servir la gloire du prince que de ne pas servir à[32] ses passions ; il est beau d'oser s'exposer à son indignation plutôt que de manquer à la fidélité qu'on lui a jurée ; et si les princes comme vous peuvent compter sur un ami fidèle, il faut qu'ils le cherchent parmi ceux qui les ont assez aimés pour avoir eu le courage d'oser quelquefois leur déplaire : plus ceux qui leur applaudissent sans cesse sont nombreux, plus l'homme vertueux qui ne se joint point aux adulations publiques doit leur être respectable. Mais cet héroïsme de fidélité est rare dans les cours : à peine se trouva-t-il un Daniel dans l'empire parmi tous les satrapes[33], qui ne connaissaient point d'autres lois que la volonté du prince. Telle est la destinée des souverains : la même puissance qui multiplie autour d'eux les adulateurs y rend aussi les amis plus rares.

Aussi la crainte de déplaire à César conduit Pilate au dernier degré de la lâcheté, qui abandonne et livre Jésus-Christ. Les cris de ce peuple furieux ne peuvent être calmés que par le sang du juste : s'exposer à leur violence, ce serait allumer le feu de la sédition ; il vaut encore mieux que l'innocent périsse que si toute la nation allait se révolter contre César, et il faut acheter le bien public par un crime[34].

Et voilà toujours le grand prétexte de l'abus que ceux qui sont en place font de l'autorité : il n'est point d'injustice que le bien public ne justifie ; il semble que le bonheur et la sûreté publique ne puisse subsister

30 Au moment où Ponce Pilate est préfet de Judée, l'empereur romain régnant est Tibère.

31 Jn 19, 12 : « Si vous délivrez cet homme, vous n'êtes point ami de César ».

32 La concurrence en langue classique entre une construction directe et une construction indirecte, « servir » ou « servir à », est utilisée par Massillon pour marquer une distinction sémantique : être au service de la gloire du roi ; être esclave de ses passions.

33 *Satrape* : gouverneur de province dans l'empire Perse.

34 Lc 23, 24-25 : « Mais ils le pressaient de plus en plus, demandant avec de grands cris qu'il fût crucifié ; et enfin leurs clameurs redoublaient. Et Pilate ordonna que ce qu'ils demandaient, fût exécuté. »

que par des crimes, que l'ordre et la tranquillité des empires ne soient jamais dues qu'à l'injustice et à l'iniquité, et qu'il faille renoncer à la vertu pour se dévouer à la patrie.

Non, Sire, je l'ai déjà dit ailleurs, et on ne saurait trop le redire, la loi de Dieu est toute la force et toute la sûreté[35] des lois humaines ; tout ce qui attire la colère du ciel sur les états ne saurait faire le bonheur des peuples ; l'ordre et l'utilité publique ne peuvent être le fruit du crime : on sert mal la patrie quand on la sert aux dépens des règles saintes ; c'est saper les fondements de l'édifice pour l'embellir et l'élever plus haut ; c'est, en affaiblissant ses principaux appuis, y ajouter de vains ornements qui hâtent sa ruine. Les empires ne peuvent se soutenir que par l'équité des mêmes lois qui les ont formés ; et l'injustice a bien pu détrôner des souverains, mais elle n'a jamais affermi les trônes : les ministres qui ont outré[36] la puissance des rois l'ont toujours affaiblie ; ils n'ont élevé leur maître que sur la ruine de leurs États ; et leur zèle n'a été utile aux Césars qu'autant qu'il a respecté les lois de l'empire.

C'est donc la jalousie dans les princes des prêtres qui persécute aujourd'hui Jésus-Christ, un vil intérêt dans Pilate qui le livre, et enfin une indifférence criminelle dans Hérode qui en fait un sujet de mépris et de risée[37].

Hélas ! quelle autre destinée pouvait[b] se promettre la doctrine de l'Évangile en se montrant à une cour superbe et voluptueuse ? La doctrine sainte n'offre rien qui ne combatte l'orgueil et la volupté, et il n'y a de grand pour ceux qui habitent les palais des rois, que le plaisir et la gloire. Si vous n'y paraissez pas sous ces étendards, ou l'on vous prend pour un censeur et un ennemi, ou ils vous méprisent comme un homme d'une autre espèce, et un nouveau venu qui vient porter au milieu d'eux un langage inouï et des manières étrangères.

Nous-mêmes, dans ces chaires chrétiennes qui seules leur parlent encore le langage de la vérité, nous-mêmes nous venons souvent ici affaiblir ce langage divin, respecter ce que nous devrions combattre, adoucir par des idées humaines la sévérité des règles saintes, autoriser presque leurs préjugés avant d'oser combattre leurs passions, et, sous prétexte de ne pas les révolter contre la vérité, la leur rendre presque méconnaissable.

---

35 *Sûreté* : sécurité, défense.

36 *Outrer* : exagérer, pousser au-delà du raisonnable.

37 Lc 23, 11 : « Or Hérode avec sa cour le méprisa ; et le traitant avec moquerie, le revêtit d'une robe blanche, et le renvoya à Pilate. »

Hérode, instruit des merveilles qu'on publiait de Jésus-Christ, s'attend à lui voir opérer des prodiges, et, dans cette attente, il le voit arriver à sa cour avec joie[38] ; ce n'est pas la vérité qui l'intéresse, c'est une vaine curiosité qu'il veut satisfaire, et faire servir Jésus-Christ de spectacle à son loisir et à son oisiveté. Car c'est de tout temps que la plupart des princes et des grands ont fait de la religion un spectacle : les mystères les plus augustes et les plus terribles, égayés par tous les attraits d'une harmonie recherchée, deviennent pour eux comme des réjouissances profanes qui les amusent ; ils ne cherchent que le plaisir des sens jusque dans les devoirs d'un culte qui n'est établi que pour les combattre ; il faut que la religion, pour leur plaire, emprunte les joies et tout l'appareil du siècle, et qu'un spectacle digne des anges ait encore besoin de décoration pour être un spectacle digne d'eux.

Hérode fait à Jésus-Christ des questions vaines et frivoles, *interrogabat eum multis sermonibus*[39] ; de ces questions où l'orgueil et l'irréligion ont plus de part que l'amour de la vérité, qu'on propose plutôt pour se faire une gloire de ses doutes que par un désir sincère de les éclaircir ; de ces questions qui n'aboutissent à rien qu'à nous affermir dans l'incrédulité, qui n'ont de sérieux que l'aveuglement d'où elles prennent leur source ; de ces questions où l'on discourt des vérités éternelles du salut comme de ces vérités douteuses et peu intéressantes que Dieu a livrées à l'oisiveté et à la dispute des hommes, où l'on traite ce qui doit décider du bonheur ou du malheur éternel comme un problème indifférent dont les deux côtés ont leur vraisemblance, et où l'on peut opter ; de ces questions enfin qui sont plutôt des dérisions secrètes de la foi que les recherches respectueuses d'un véritable fidèle.

Et voilà le seul usage que la plupart des grands font de Jésus-Christ, des questions éternelles sur la religion, *interrogabat eum multis sermonibus* ; faisant de Jésus-Christ et de sa doctrine un sujet oiseux et frivole d'entretien et de contestation, au lieu d'en faire l'objet de leur espérance et de leur culte ; s'informant de la vérité d'un avenir et de cette autre patrie qui nous attend après le trépas, avec moins d'intérêt qu'ils n'écouteraient les relations[40] d'une terre inconnue et

---

38 Lc 23, 8 : « Hérode eut une grande joie de voir Jésus : car il y avait longtemps qu'il souhaitait de le voir, parce qu'il avait entendu dire beaucoup de choses de lui ; et il espérait de lui voir faire quelque miracle. »

39 Lc 23, 9 : « Il lui fit donc plusieurs demandes ».

40 *Relation* : récit fait par un voyageur.

peut-être fabuleuse, où nul mortel n'a pu encore aborder ; parlant des faits miraculeux qui établissent la certitude et la divinité de la religion de leurs pères, avec la même incertitude qu'ils parleraient d'un point peu important d'histoire qu'on n'a pas encore éclairci ; et, par la manière peu sérieuse dont ils veulent s'instruire de la foi, montrant qu'ils l'ont tout à fait perdue.

Aussi Jésus-Christ n'oppose qu'un silence profond à la vanité des questions d'Hérode. On ne mérite les réponses de la vérité que lorsque c'est le désir de la connaître qui l'interroge ; et c'est dans le cœur de ceux qui parlent et disputent plus[41] sur la religion, qu'elle est d'ordinaire plus effacée. Oui, mes frères, on a déjà trouvé la vérité quand on la cherche de bonne foi ; il ne faut, pour la trouver, ni creuser dans les abîmes, ni s'élever au-dessus des airs ; il ne faut que l'écouter au-dedans de nous-mêmes. Un cœur innocent et docile entend d'abord sa voix ; les doutes et les recherches que forme l'orgueil, loin de la rapprocher de nous, ferment les yeux à sa lumière ; elle aveugle les sages et les juges orgueilleux de ses mystères[42], et ne se communique qu'à ceux qui font gloire d'en être les disciples. La soumission est la source des lumières ; plus on veut raisonner, plus on s'égare ; plus on doute, plus Dieu permet que les doutes augmentent : la raison, une fois sortie de la règle, ne trouve plus rien qui l'arrête ; plus à l'avance, plus elle se creuse de précipices. Aussi l'hérésie, d'abord timide dans sa naissance, va toujours croissant, et ne garde plus de mesures dans ses progrès : elle n'en voulait d'abord, parmi nous[43], qu'aux abus prétendus du culte, elle a depuis attaqué le culte lui-même ; elle se plaignait que nous dégradions Jésus-Christ de sa qualité de médiateur ; elle a enfanté des disciples qui l'ont dégradé de sa divinité et de sa naissance éternelle[44] : elle voulait réformer la religion ; elle a fini par les approuver toutes, ou, pour mieux dire, par n'en plus avoir et n'en plus connaître aucune : elle prétendait s'en tenir à la lettre aux livres saints ; et cette lettre a été pour elle une lettre de mort, et ses faux prophètes[45] y ont puisé un fanatisme et des visions sur

41 *Plus* : le plus.
42 Comprendre : ceux qui jugent avec orgueil de ses mystères.
43 Allusion au protestantisme.
44 Référence au socinianisme, doctrine initiée par Lello Sozzini (1525-1562) et développée par son neveu Fausto Sozzini (1539-1604), qui niait le dogme de la trinité et la divinité du Christ.
45 Allusion possible à Michel de Nostredame, dit Nostradamus (1503-1566), auteur des *Prophéties*, et au prédicateur anabaptiste Jan Bockelson (1509-1536), dit Jean de Leyde.

l'avenir que l'événement a démenties et dont elle a rougi elle-même. Non, mes frères, la foi est le seul point qui peut fixer l'esprit humain : si vous passez au-delà, vous n'avez plus de route assurée, vous entrez dans une terre ténébreuse et couverte des ombres de la mort, vous n'y voyez plus que des fantômes, les tristes enfants des ténèbres ; et comme la raison n'a plus de frein, l'erreur aussi n'a plus de bornes.

En effet, les questions d'Hérode le conduisent à faire de Jésus-Christ un sujet de risée, *sprevit autem illum Herodes* ; et toute sa cour suit son exemple, *cum exercitu suo*[46]. La vertu la plus pure, dès qu'elle déplaît au souverain, est bientôt digne de l'oubli et du mépris même du courtisan : c'est le goût du prince qui décide presque toujours pour eux de la vérité et du mérite ; leur religion est toute, pour ainsi dire, sur le visage du maître ; c'est là leur loi et leur Évangile ; et ils n'ont rien de plus fixe dans leur culte que les caprices et les passions de l'idole qu'ils adorent.

Aussi l'attention, Sire, la plus essentielle que les rois doivent à la place où Dieu les a fait asseoir, c'est de rendre la religion respectable, en ne se permettant jamais la plus légère dérision qui puisse en blesser la majesté. Les plus jeunes années de votre auguste bisaïeul[47] ne le virent jamais s'écarter de cette règle ; ce fut pour lui la règle de tous les temps et de tous les lieux ; son respect pour la religion de ses pères imposa toujours devant lui un silence éternel à l'impiété ; son langage fut toujours le langage du tout premier roi chrétien, c'est-à-dire le langage respectable de la foi ; l'irréligion était le seul crime auquel il ne pardonnait point ; tout était sérieux pour lui sur cet article ; nulle joie, nul plaisir n'autorisa jamais devant lui la moindre dérision qui pût intéresser le culte de ses ancêtres ; religieux[48] jusqu'au milieu des réjouissances d'une cour jeune et florissante, la foi ne souffrit jamais des plaisirs et des dissipations inévitables à la jeunesse des rois. Sur ce point, Sire, tout devient capital dans la bouche d'un souverain ; une simple légèreté va autoriser la licence de l'impiété ou faire de nouveaux impies ; on croit plaire en enchérissant[49], et les railleries du maître deviennent bientôt des blasphèmes dans la bouche du courtisan.

46 Lc 23, 11 : « Or Hérode avec sa cour le méprisa ».

47 Louis XIV.

48 « Religieux » se rapporte à « lui », bien que le pronom personnel ne soit pas présent dans cette proposition.

49 *Enchérir* : renforcer ce qui a été dit.

Telles sont les passions que les grands opposent à la vérité, et qui condamnent Jésus-Christ à la mort. Que ne puis-je achever, et vous montrer les passions des grands condamnées par la mort de Jésus-Christ !

Hélas ! en est-il une seule que sa croix ne confonde[50] ? Il ne meurt que pour rendre témoignage à la vérité, il en est le premier martyr ; et les grands craignent la vérité, et il est rare qu'elle ait accès auprès de leur trône. Il n'est roi que pour être la victime de son peuple ; et les peuples sont d'ordinaire la victime de l'ambition des princes et des rois. Les marques de son autorité, son sceptre, sa couronne, sont les instruments de ses souffrances ; et l'unique usage que les grands font de leur autorité, c'est de la faire servir à leurs plaisirs injustes. Au milieu de ses peines et de ses douleurs, il n'est occupé que de nos intérêts ; et les grands, au milieu de leurs plaisirs, ne daignent pas même s'occuper des peines et des souffrances de leurs frères. Il souffre à notre place ; et les grands croient que tout doit souffrir pour eux. Il vient de tous les peuples ne faire qu'un peuple, réconcilier toutes les nations, éteindre toutes les guerres ; et c'est la vanité des grands qui les allume et qui les éternise sur la terre. Que dirai-je ? Il n'est roi que parce qu'il est sauveur ; ses bienfaits forment tous ses titres, ses qualités glorieuses ne sont que les différents offices de son amour pour nous : tout ce qu'il est de plus grand, il ne l'est que pour les hommes, il est tout à nos usages[51] ; et les grands ne comptent le reste des hommes pour rien, et ne croient être nés que pour eux-mêmes.

Voilà, Sire, le grand modèle des rois. Du haut de sa croix il instruit les grands et les princes de la terre : regardez, leur dit-il, et faites selon ce modèle ; j'ai quitté mon royaume, et je suis descendu de ma gloire pour sauver mes sujets ; vous n'êtes rois que pour eux, et leur bonheur doit être l'unique objet de tous les soins attachés à votre couronne. Oui, Sire, c'est un roi qui donne sa vie pour son peuple, et il ne vous demande que votre amour pour le vôtre : c'est un roi qui ne va conquérir le monde que pour l'acquérir à Dieu ; ne combattez que pour lui, et vous serez toujours sûr de la victoire : c'est un roi qui fait de la croix son trône et le lieu de ses douleurs et de ses souffrances ; regardez le vôtre comme un

---

50 *Confondre* : réduire au silence, démasquer publiquement.

51 Comprendre : il est entièrement à notre service. L'emploi de « usages », qui n'est pas habituel dans cette construction, contraste avec l'expression « l'unique usage que les grands font de leur autorité », quelques lignes plus haut.

lieu de soins et de travail, et non comme le siège de la volupté et de la mollesse : c'est un roi qui ne veut régner que sur les cœurs ; l'usage le plus glorieux de votre autorité, c'est celui qui vous assurera l'amour de vos peuples : c'est un roi qui vient apporter la paix, la vérité, la justice aux hommes, et qui ne veut que les rendre heureux ; Sire, régnez pour notre bonheur, et vous régnerez pour le vôtre.

Ô mon Sauveur, c'est aujourd'hui que vous commencez à régner vous-même sur toutes les nations ; vos derniers soupirs sont comme les prémices sacrées de votre règne, et c'est par la croix que vous allez conquérir l'univers. Grand Dieu, que ce soit elle qui affermisse le règne de l'enfant précieux que vous voyez ici à vos pieds ; que la religion en consacre les prémices et en couronne la durée : ce sont ses glorieux ancêtres qui l'ont placée parmi nous sur le trône[52] ; que ce soit elle qui y soutienne l'enfant auguste qui ne peut vous offrir encore que son innocence, la foi de ses pères, les malheurs qui ont entouré son berceau royal, et la tendresse la plus vive de ces sujets.

Conservez l'enfant de tant de saints et de tant de protecteurs de la foi sainte : ils exposèrent autrefois leur vie et leur couronne pour aller recouvrer votre héritage[53] ; conservez le sien à cet enfant précieux, afin qu'il puisse un jour défendre et protéger l'Église que le Père vous donne aujourd'hui comme l'héritage que vous avez acquis par votre sang : ils revinrent chargés des dépouilles sacrées de la croix[54] ; que ce dépôt saint dont ils enrichirent cette ville régnante, que ce gage précieux de la piété de ses pères sollicite aujourd'hui surtout vos grâces en sa faveur. N'abandonnez pas l'héritier de tant de princes qui ont été les premiers défenseurs de votre nom et de votre gloire. Les coups de votre colère l'ont épargné au milieu des débris de son auguste famille[55] ; laissez-nous, grand Dieu, jouir de votre bienfait, que nous avons acheté si cher : que ce reste heureux de tant de têtes augustes que nous avons vu tomber à la fois répare nos pertes et essuie nos larmes : comblez-le lui seul de toutes les grâces que vous aviez réservées dans vos trésors éternels à tant de princes qui devaient régner à sa place, et auxquels sa

52 Allusion à Clovis, premier roi de France à se faire baptiser, et à ses successeurs.

53 Allusion aux croisades.

54 La relique de la croix du Christ, conservée à Paris dans la Sainte-Chapelle. Cette relique avait été le symbole du royaume des croisés à Jérusalem. Elle fut acquise par Louis IX, ainsi que d'autres reliques, telle la couronne d'épines.

55 Voir le sermon pour la fête de la Purification, note 6.

couronne était destinée : réunissez en lui tout ce que vous deviez partager sur les autres ; et que son règne rassemble toutes les bénédictions et tous les genres de bonheur que nous nous promettions séparément sous les règnes des princes qu'une mort prématurée nous a enlevés, et auxquels vous n'avez refusé sans doute sur la terre une couronne que la naissance leur destinait, que pour leur en préparer dans le ciel une éternelle. Ainsi soit-il.

SERMON POUR LE JOUR DE PÂQUES

Sur le triomphe de la religion

Expolians principatus et potestates, traduxit confidenter palam triumphans illos in semet ipso.

« Jésus-Christ, ayant désarmé les principautés et les puissances, il les a menées hautement en triomphe à la face de tout le monde, après les avoir vaincues en sa propre personne. »
Col 2, 15

Sire,

Les vains triomphes des conquérants n'étaient qu'un spectacle d'orgueil, de larmes, de désespoir et de mort ; c'était le triomphe lugubre des passions humaines, et ils ne laissaient après eux que les tristes marques de l'ambition des vainqueurs et de la servitude des vaincus.

Le triomphe de Jésus-Christ est aujourd'hui, pour les nations mêmes qui deviennent sa conquête, un triomphe de paix, de liberté et de gloire.

Il triomphe de ses ennemis, mais pour les délivrer et les associer à sa puissance. Il triomphe du péché : mais, en effaçant et attachant à la croix cet écrit fatal de notre condamnation, il en fait couler sur nous une source de sainteté et de grâce[1]. Il triomphe de la mort, mais pour nous assurer l'immortalité.

1 Dans l'expression « cet écrit fatal », le nom « écrit » exprime la notion de témoignage, de preuve, associée au papier signé, tandis que « fatal » renvoie au péché originel. Comprendre : par sa crucifixion, Jésus-Christ publie la preuve de notre péché, mais dans le même temps il efface ce péché ; en prenant sur lui tous les péchés du monde, il « fait couler sur nous une source de sainteté et de grâce », c'est-à-dire qu'il donne son pardon à tous les hommes, appelés à la sainteté.

Telle est la gloire de la religion : elle n'offre d'abord que les opprobres et les souffrances de la croix, mais c'est un triomphe glorieux et le plus grand spectacle que l'homme puisse donner à la terre. Rien ici-bas n'est plus grand que la vertu : tous les autres genres de gloire, on les doit au hasard ou à l'adulation à l'erreur publique ; celle-ci, on ne la doit qu'à Dieu et à soi-même. On en fait une honte aux princes et aux puissants ; et cependant c'est par elle seule qu'ils peuvent être grands, puisque c'est par elle seule qu'ils peuvent triompher de leurs ennemis, de leurs passions, et de la mort même.

Exposons ces vérités si honorables à la foi, et consacrons à la gloire de la religion l'instruction de ce dernier jour[2], qui est le grand jour des triomphes de Jésus-Christ.

PREMIÈRE PARTIE

Sire,

La gloire des princes et des grands a trois écueils à craindre sur la terre[a] : la malignité de l'envie[3], ou les inconstances de la fortune qui l'obscurcissent ; les passions qui la déshonorent ; enfin, la mort même qui l'ensevelit, et qui change en censures les vaines adulations qui l'avaient exaltée.

La religion seule les met à couvert de ces écueils inévitables et où toute la gloire humaine vient d'ordinaire échouer : elle les élève au-dessus des événements et de l'envie ; elle leur assujettit leurs passions ; enfin, elle leur assure, après leur mort, la gloire que la malignité leur avait peut-être refusée pendant leur vie. C'est ce qui fait aujourd'hui le triomphe de Jésus-Christ ; et c'est ce modèle glorieux que nous proposons aux grands de la terre.

---

2 Ce sermon est le dernier prononcé par Massillon pour cette station de carême, « jour des triomphes de Jésus-Christ » puisqu'il célèbre sa résurrection.

3 Après avoir prêché sur la jalousie dans la première partie du sermon du Vendredi saint, Massillon développe ici une réflexion sur l'envie. Ces deux passions sont proches sans pour autant être identiques. Son point de vue moraliste prolonge les analyses du XVIIe siècle, que l'on rencontre notamment chez La Bruyère (*Les Caractères*, « De l'homme », § 85). L'envie peut se définir comme un désir de possession qui ne se réfère à aucune loi et ne connaît pas de bornes.

Toute la gloire de sa sainteté et de ses prodiges n'avait pu le sauver des traits de l'envie, et son innocence avait paru succomber aux puissances des ténèbres qui l'avaient opprimée[4]. Mais sa résurrection attache à son char de triomphe ces principautés[5] et ces puissances mêmes ; sa gloire sort triomphante du sein de ses opprobres ; sa croix devient le signal éclatant de sa victoire ; la Judée seule l'avait rejeté et l'univers entier l'adore.

Oui, mes frères, quelle que puisse être la gloire des grands sur la terre, elle a toujours à craindre premièrement, la malignité de l'envie qui cherche à l'obscurcir. Hélas ! c'est à la cour surtout où cette vérité n'a pas besoin de preuve. Quelle est la vie la plus brillante où l'on ne trouve des taches ? Où sont les victoires qui n'aient une de leurs faces peu glorieuse au vainqueur[6] ? Quels sont les succès où les uns ne prêtent au hasard les mêmes événements dont les autres font honneur aux talents et à la sagesse ? Quelles sont les actions héroïques qu'on ne dégrade en y cherchant des motifs lâches et rampants ? En un mot, où sont les héros dont la malignité, et peut-être la vérité, ne fasse des hommes[7] ?

Tant que vous n'aurez que cette gloire où le monde aspire, le monde vous la disputera. Ajoutez-y la gloire de la vertu : le monde la craint et la fuit, mais le monde pourtant la respecte.

Non, Sire, un prince qui craint Dieu et qui gouverne sagement ses peuples n'a plus rien à craindre des hommes. Sa gloire toute seule aurait pu faire des envieux ; sa piété rendra sa gloire même respectable. Ses entreprises auraient trouvé des censeurs ; sa piété sera l'apologie de sa conduite. Ses prospérités auraient excité la jalousie ou la défiance de ses voisins ; il en deviendra par sa piété l'asile et l'arbitre. Ses démarches ne seront jamais suspectes, parce qu'elles seront toujours annoncées par la justice. On ne sera pas en garde contre son ambition, parce que son ambition sera toujours réglée par ses droits. Il n'attirera point sur ses États le fléau de la guerre, parce qu'il regardera comme un crime de la porter sans raison dans les États étrangers. Il réconciliera les peuples et

---

4 Par la condamnation de Jésus-Christ à la crucifixion.

5 *Principauté* : souveraineté.

6 Comprendre : toute victoire a une face qui est peu glorieuse pour le vainqueur.

7 Comprendre : celui que l'on considère comme un héros redevient simplement un homme, lorsqu'il est soumis au jugement malveillant des courtisans, ou bien lorsqu'il est regardé dans sa vérité. Dans ce paragraphe, Massillon s'intéresse aux procédés par lesquels la réputation d'un héros se voit abîmée ; la remarque corrective « et peut-être la vérité » suggère cependant une inversion du point de vue : en dégradant le héros, les courtisans feraient œuvre de dévoilement.

les rois, loin de les diviser pour les affaiblir et élever sa puissance sur leurs divisions et sur leur faiblesse. Sa modération sera le plus sûr rempart de son empire : il n'aura pas besoin de garde qui veille à la porte de son palais ; les cœurs de ses sujets entoureront son trône et brilleront autour à la place des glaives qui le défendent. Son autorité lui sera inutile pour se faire obéir : les ordres les plus sûrement accomplis sont ceux que l'amour exécute et la soumission sera sans murmure, parce qu'elle sera sans contrainte. Toute sa puissance l'aurait rendu à peine maître de ses peuples ; par la vertu il deviendra l'arbitre même des souverains. Tel était, Sire, un de vos plus saints prédécesseurs, à qui l'Église rend des honneurs publics et qu'elle regarde comme le protecteur de votre monarchie[8]. Les rois ses voisins, loin d'envier sa puissance, avaient recours à sa sagesse : ils s'en remettaient à lui de leurs différends et de leurs intérêts[9]. Sans être leur vainqueur, il était leur juge et leur arbitre, et la vertu toute seule lui donnait sur toute l'Europe un empire bien plus sûr et plus glorieux que n'auraient pu lui donner ses victoires. La puissance ne nous fait que des sujets et des esclaves ; la vertu toute seule nous rend maîtres des hommes.

Mais si elle nous met au-dessus de l'envie, c'est elle encore qui nous rend supérieurs aux événements. Oui, Sire, les plus grandes prospérités ont toujours ici-bas des retours à craindre. Dieu, qui ne veut pas que notre cœur s'attache où notre trésor et notre bonheur ne se trouvent point[10], fait quelquefois du plus haut point de notre élévation le premier degré de notre décadence. La gloire des hommes, montée à son plus grand éclat, s'attire, pour ainsi dire, à elle-même des nuages. L'histoire des États et des empires n'est elle-même que l'histoire de la fragilité et de l'inconstance des choses humaines. Les bons et les mauvais succès[11] semblent s'être partagé la durée des ans et des siècles, et nous venons de voir le règne le plus long et le plus glorieux de la monarchie finir par des revers et par des disgrâces[12].

---

8 Louis IX (1214-1270), qui a été canonisé sous le nom de saint Louis de France.

9 Massillon fait référence à sa réputation de sagesse et au rôle de conciliateur qu'il joua dans les conflits opposant le pape Grégoire IX (1145-1241) et l'empereur du Saint-Empire germanique, Frédéric II (1194-1250), comme pour la signature du traité de Paris en 1259, qui mettait fin au conflit entre la France et l'Angleterre ouvert un siècle plus tôt.

10 Mt 6, 21 : « Car où est votre trésor, là est aussi votre cœur. »

11 *Succès* : issue d'une affaire, qu'elle soit bonne ou mauvaise.

12 Le règne de Louis XIV, qui dura soixante-douze ans, se termina par des guerres ruineuses, en particulier la Guerre de succession d'Espagne (1701-1714). La série de décès qui toucha

Mais sur les débris de cette gloire humaine votre pieux et auguste bisaïeul sut s'en élever une plus solide et plus immortelle. Tout sembla fondre et s'éclipser autour de lui, mais c'est alors que nous le vîmes à découvert lui-même : plus grand par la simplicité de sa foi et par la constance de sa piété que par l'éclat de ses conquêtes, ses prospérités nous avaient caché sa véritable gloire. Nous n'avions vu que ses succès, nous vîmes alors toutes ses vertus. Il fallait que ses malheurs et égalassent ses prospérités, qu'il vît tomber autour de lui tous les princes les appuis de son trône[13], que votre vie même fût menacée[14], cette vie si chère à la nation, et le seul gage de ses miséricordes que Dieu laisse encore à son peuple ; il fallait qu'il demeurât tout seul avec sa vertu pour paraître tout ce qu'il était : ses succès inouïs lui avaient valu le nom de grand ; ses sentiments héroïques et chrétiens dans l'adversité lui en ont assuré pour tous les âges à venir le nom et le mérite.

Non, mes frères, il n'est que la religion qui puisse nous mettre au-dessus des événements ; tous les autres motifs nous laissent toujours entre les mains de notre faiblesse. La raison, la philosophie promettait la constance à son sage, mais elle ne la donnait pas ; la fermeté de l'orgueil n'était que la dernière ressource du découragement, et l'on cherchait une vaine consolation en faisant semblant de mépriser des maux qu'on n'était pas capable de vaincre[15]. La plaie qui blesse le cœur ne peut trouver son remède que dans le cœur même ; or la religion toute seule porte son remède dans le cœur. Les vains préceptes de la philosophie nous prêchaient une insensibilité ridicule, comme s'ils avaient pu éteindre les sentiments naturels sans éteindre la nature elle-même. La foi nous laisse sensibles, mais elle nous rend soumis ; et cette sensibilité fait elle-même tout le mérite de notre soumission : notre sainte philosophie n'est pas insensible aux peines, mais elle est supérieure à la douleur. C'était ôter aux hommes la gloire de la

---

la famille royale entre 1710 et 1715 semble regardée par Massillon comme le signe d'une « disgrâce ».

13 Trois prétendants à la succession de Louis XIV sont morts en quelques années : son fils, le Grand Dauphin (1661-1711) ; son petit-fils, le duc de Bourgogne (1682-1712) ; son arrière-petit-fils, le duc de Bretagne (1707-1712).

14 Allusion à la santé fragile de Louis XV durant sa petite enfance.

15 Référence aux principes du stoïcisme. Massillon s'arrête en particulier sur la recherche de l'ataraxie, qui se définit chez Démocrite et chez Épictète comme une tranquillité de l'âme, et qu'il regarde comme une « insensibilité » et une « constance » factices.

fermeté dans les souffrances, que de leur en ôter le sentiment ; et la sagesse païenne ne voulait les rendre insensibles que parce qu'elle ne pouvait les rendre soumis et patients ; elle apprenait à l'orgueil à cacher et non à surmonter ses sensibilités et ses faiblesses ; elle formait des héros de théâtre, dont les grands sentiments n'étaient que pour les spectateurs, et aspirait plus à la gloire de paraître constant qu'à la vertu même de la constance.

Mais la foi nous laisse tout le mérite de la fermeté et ne veut pas même en avoir l'honneur devant les hommes ; elle sacrifie à Dieu seul les sentiments de la nature et ne veut pour témoin de son sacrifice que celui seul qui peut en être le rémunérateur ; elle seule donne de la réalité à toutes les autres vertus, parce qu'elle seule en bannit l'orgueil qui les corrrompt ou qui n'en fait que des fantômes.

Ainsi, qu'on vante l'élévation et la supériorité de vos lumières, qu'une haute sagesse vous fasse regarder comme l'ornement et le prodige de votre siècle : si cette gloire n'est qu'au dehors, si la religion, qui seule élève le cœur, n'en est pas à la première base, le premier échec de l'adversité renversera tout cet édifice de philosophie et de fausse sagesse, tous ces appuis de chair s'écrouleront sous votre main[16] ; ils deviendront inutiles à votre malheur ; on cherchera vos grandes qualités dans votre découragement ; et votre gloire ne sera plus qu'un poids ajouté à votre affliction, qui vous la rendra plus insupportable. Le monde se vante de faire des heureux, mais la religion toute seule peut nous rendre grands au milieu de nos malheurs mêmes.

SECONDE PARTIE

Premier triomphe de Jésus-Christ : il triomphe de la malignité de l'envie et de tous les opprobres qu'elle lui avait attirés de la part de ses ennemis. Mais il triomphe encore du péché : il emmène captif ce premier auteur de la captivité de tous les hommes[17] ; il nous rétablit donc tous les droits glorieux dont nous étions déchus, et nous aurons

16 Jn 6, 64 : « C'est l'esprit qui vivifie ; la chair ne sert de rien ».
17 Les hommes esclaves du péché originel.

par la grâce la supériorité sur nos passions, que nous avions perdue avec l'innocence[18].

Second avantage la religion : elle nous élève au-dessus de nos passions ; et c'est le plus haut degré de gloire où l'homme puisse ici-bas atteindre. Oui, mes frères, en vain le monde insulte tous les jours à la piété par des dérisions insensées ; en vain, pour cacher la honte des passions, il fait presque à l'homme de bien une honte de la vertu ; en vain, il la représente, aux grands surtout, comme une faiblesse et comme l'écueil de leur gloire ; en vain il autorise leurs passions par les grands exemples qui les ont précédé, et par l'histoire des souverains qui ont allié la licence des mœurs avec un règne glorieux et l'éclat des victoires et des conquêtes : leurs vices, venus jusqu'à nous et rappelés d'âge en âge, formeront jusqu'à la fin le trait honteux qui efface l'éclat de leurs grandes actions et qui déshonore leur histoire[19].

Plus même ils sont élevés, plus le dérèglement des mœurs les dégrade ; et *leur ignominie*, dit l'Esprit de Dieu, *croît à proportion de leur gloire*[20]. Outre que leur rang, en les plaçant au-dessus de nos têtes, expose leurs vices comme leur personne aux yeux du public, quelle honte, lorsque ceux qui sont établis pour régler les passions de la multitude deviennent eux-mêmes les vils jouets de leurs passions propres, et que la force, l'autorité, la pudeur des lois[21] se trouve confiée[22] à ceux qui ne connaissent de loi que le mépris public de toute bienséance et leur propre faiblesse ! Ils devaient régler les mœurs publiques, et ils les corrompent ; ils étaient donnés de Dieu pour être les protecteurs de la vertu, et ils deviennent les appuis et les modèles du vice.

Toute la gloire humaine ne saurait jamais effacer l'opprobre que leur laisse le désordre des mœurs et l'emportement des passions[23] ; les

18 L'innocence d'Adam et Ève au jardin d'Éden, préalable au péché originel et à la chute hors du paradis terrestre (Gn 2, 5-25).

19 L'absence de précision pour identifier ces souverains et la mise à distance que suggère l'expression « venus jusqu'à nous, et rappelés d'âge en âge » ouvrent à toutes les interprétations. L'auditeur et le lecteur de Massillon peuvent néanmoins entendre là des allusions au règne de Louis XIV.

20 1 M 1, 40 : « À sa gloire se mesura son avilissement ».

21 La pudeur des lois : le respect des lois. L'expression est d'abord employée dans le sermon sur la fête de la Purification.

22 Les trois noms juxtaposés « la force, l'autorité, la pudeur des lois » régissent un accord au féminin singulier, ce qui peut s'analyser comme un accord avec le nom le plus proche ; on note en outre que les trois termes participent du déploiement d'une même idée et sont moins synonymes que complémentaires.

23 Même interprétation pour l'accord au singulier du verbe « laisse ».

victoires les plus éclatantes ne couvrent pas la honte de leurs vices : on loue les actions, et l'on méprise la personne. C'est de tout temps qu'on a vu la réputation la plus brillante échouer contre les mœurs du héros et ses lauriers flétris par ses faiblesses : le monde, qui semble mépriser la vertu, n'estime et ne respecte pourtant qu'elle ; il élève des monuments superbes aux grandes actions des conquérants ; il fait retentir la terre du bruit de leurs louanges ; une poésie pompeuse les chante et les immortalise ; chaque Achille a son Homère ; l'éloquence s'épuise pour leur donner du lustre ; l'appareil des éloges est donné à l'usage et à la vanité. L'admiration secrète et les louanges réelles et sincères, on ne les donne qu'à la vertu et à la vérité.

Et en effet, le bonheur ou la témérité ont pu faire des héros, mais la vertu toute seule peut former de grands hommes. Il en coûte bien moins de remporter des victoires que de se vaincre soi-même ; il est bien plus aisé de conquérir des provinces et de dompter des peuples, que de dompter une passion – la morale même des païens en est convenue. Du moins les combats où préside[24] la fermeté, la grandeur du courage, la science militaire sont de ces actions rares que l'on peut compter aisément dans le cours d'une longue vie ; et quand il ne faut être grand que certains moments, la nature ramasse toutes ses forces, et l'orgueil, pour un peu de temps, peut suppléer à la vertu. Mais les combats de la foi sont des combats de tous les jours : on a affaire à des ennemis qui renaissent de leur propre défaite. Si vous vous lassez un instant, vous périssez : la victoire même a ses dangers ; l'orgueil, loin de vous aider, devient le plus dangereux ennemi que vous ayez à combattre ; tout ce qui vous environne fournit des armes contre vous ; votre cœur lui-même vous dresse des embûches ; il faut sans cesse recommencer le combat. En un mot, on peut être quelquefois plus fort ou plus heureux que ses ennemis ; mais qu'il est grand d'être toujours plus fort que soi-même !

Telle est pourtant la gloire de la religion ; la philosophie découvrait la honte des passions, mais elle n'apprenait pas à les vaincre, et ses préceptes pompeux étaient plutôt l'éloge de la vertu que le remède du vice.

Il était même nécessaire à la gloire et au triomphe de la religion que les plus grands génies et toute la force de la raison humaine se fût épuisée[25] pour rendre les hommes vertueux. Si les Socrate et les Platon

---

24 Même interprétation pour l'accord au singulier du verbe « préside ».
25 Même interprétation pour l'accord au singulier du verbe « se fût épuisée ».

n'avaient pas été les docteurs du monde avant Jésus-Christ et n'eussent pas entrepris en vain de régler les mœurs et de corriger les hommes par la seule force de la raison, l'homme aurait pu faire honneur de sa vertu à la supériorité de sa raison ou à la beauté de la vertu même ; mais ces prédicateurs de la sagesse ne firent point de sages, et il fallait que les vains essais de la philosophie préparassent de nouveaux triomphes à la grâce[26].

C'est elle enfin qui a montré à la terre le véritable sage, que tout le faste et tout l'appareil de la raison humaine nous annonçait depuis si longtemps. Elle n'a pas borné toute sa gloire, comme la philosophie, à essayer d'en former à peine un dans chaque siècle parmi les hommes ; elle en a peuplé les villes, les empires, les déserts, et l'univers entier a été pour elle un autre Lycée[27], où, au milieu des places publiques, elle a prêché la sagesse à tous les hommes. Ce n'est pas seulement parmi les peuples les plus polis qu'elle a choisi ses sages : le Grec et le Barbare, le Romain et le Scythe, ont été également appelés à sa divine philosophie[28] ; ce n'est pas aux savants tout seuls qu'elle a réservé la connaissance sublime de ses mystères : le simple[29] a prophétisé comme le sage, et les ignorants eux-mêmes sont devenus ses docteurs et ses apôtres. Il fallait que la véritable sagesse pût devenir la sagesse de tous les hommes.

Que dirais-je ? Sa doctrine était insensée en apparence[30], et les philosophes soumirent leur raison orgueilleuse à cette sainte folie ; elle n'annonçait que des croix et des souffrances, et les Césars devinrent ses disciples. Elle seule vint apprendre aux hommes que la chasteté, l'humilité, la tempérance pouvaient être assises sur le trône et que le siège des passions et des plaisirs pouvait devenir le siège de la vertu de l'innocence : quelle gloire pour la religion !

Mais, Sire, si la piété des grands est glorieuse à la religion, c'est la religion toute seule qui fait la gloire véritable des grands. De tous leurs titres, le plus honorable c'est la vertu : un prince maître de ses passions,

---

26 Voir la tradition chrétienne qui fait de Socrate et de Platon des précurseurs du christianisme parce qu'ils auraient connu les textes bibliques : chez Clément d'Alexandrie, Origène et Augustin par exemple (*cf.* É. Gilson, *Philosophie au Moyen âge*, Payot, 1944, t. I). Cette perspective est reprise au XVIIe siècle, dans les *Pensées* de Pascal notamment.

27 Le portique où Aristote donnait ses leçons, et par extension la pensée aristotélicienne.

28 Col 3, 11 : « où il n'y a différence ni de gentil et de Juif, ni de circoncis et d'incirconcis, ni de barbare et de Scythe, ni d'esclave et de libre ; mais où Jésus-Christ est tout en tous. »

29 *Simple* : ignorant.

30 Thème de la folie de la Croix développé par saint Paul (1 Co 1, 18-31).

apprenant sur lui-même à commander aux autres, ne voulant goûter de l'autorité que les soins et les peines[31] que le devoir y attache, plus touché de ses fautes que des vaines louanges qui les lui déguisent en vertus, regardant comme l'unique privilège de son rang l'exemple qu'il est obligé de donner aux peuples, n'ayant point d'autre frein ni d'autre règle que ses désirs et faisant pourtant à tous ses désirs un frein de la règle même, voyant autour de lui tous les hommes prêts à servir à ses passions et ne se croyant fait lui-même que pour servir à leurs besoins, pouvant abuser de tout et se refusant même ce qu'il aurait eu droit de se permettre, en un mot, entouré de tous les attraits du vice et ne leur montrant jamais que la vertu : un prince de ce caractère est le plus grand spectacle que la foi puisse donner à la terre. Une seule de ses journées compte plus d'actions glorieuses que la longue carrière d'un conquérant ; l'un a été le héros d'un jour, et l'autre l'est de toute la vie.

TROISIÈME PARTIE

C'est ainsi que Jésus-Christ triomphe aujourd'hui du péché. Mais il triomphe encore de la mort, il nous ouvre les portes de l'immortalité, que le péché nous avait fermées, et le sein même de son tombeau enfante tous les hommes à la vie éternelle.

C'est le dernier trait qui achève le triomphe de la religion. L'impiété ne donnait à l'homme que la même fin qu'à la bête : tout devait mourir avec son corps ; et cet être si noble, seul capable d'aimer et de connaître, n'était pourtant qu'un vil assemblage de boue que le hasard avait formé et que le hasard seul allait dissoudre pour toujours.

La superstition païenne lui promettait au-delà du tombeau une félicité oiseuse[32], où les vains fantômes des sens devaient faire tout le bonheur d'un homme qui ne peut être heureux que par la vérité.

La religion nous ouvre des espérances plus nobles et plus sublimes : elle rend à l'homme l'immortalité, que l'impiété de la philosophie avait

31 *Les soins et les peines* : les deux noms sont quasiment synonymes.
32 Référence à la mythologie gréco-romaine, faisant de l'élysée la partie des Enfers où séjournent les âmes bienheureuses.

voulu lui ravir, et substitue la possession éternelle du bien souverain à ces champs[33] fabuleux[34] et à ces idées puériles de bonheur que la superstition avait imaginées.

Mais cette immortalité, qui est la plus douce espérance de la foi, n'est promise qu'à la foi même : ses promesses sont la récompense de ses maximes ; et pour ne mourir jamais, même devant les hommes, il faut avoir vécu selon Dieu.

Oui, mes frères, cette immortalité même de renommée, que la vanité promet ici-bas dans le souvenir des hommes, les grands ne peuvent la mériter que par la vertu.

La mort est presque toujours l'écueil et le terme fatal de leur gloire : les vaines louanges dont on les avait abusés pendant leur vie descendent presque aussitôt avec eux dans l'oubli du tombeau ; ils ne survivent pas longtemps à eux-mêmes, ou s'il en[35] reste quelque souvenir parmi les hommes, ils en sont plus redevables à la malignité des censures qu'à la vanité des éloges ; leurs louanges n'ont eu que la même durée que leurs bienfaits ; ils ne sont plus rien dès qu'ils ne peuvent plus rien ; leurs adulateurs mêmes deviennent leurs censeurs car l'adulation dégénère toujours en ingratitude ; de nouvelles espérances forment un nouveau langage ; on élève sur les débris de la gloire du mort la gloire du vivant ; on embellit de ses dépouilles et de ses vertus celui qui prend sa place. Les grands sont proprement le jouet des passions des hommes ; leur gloire n'a point de consistance assurée et elle augmente ou diminue avec les intérêts de ceux qui les louent.

Combien de princes, vantés pendant leur vie, n'ont pas même laissé leur nom à la postérité ! Et que sont les histoires des États et des empires, qu'un petit reste de noms et d'actions échappé de cette foule innombrable qui, depuis la naissance des siècles, est demeurée dans l'oubli !

Qu'ils vivent selon Dieu, et leur nom ne périra jamais de la mémoire des hommes[36] : les princes religieux sont écrits en caractères ineffaçables

---

33 Les Champs-élysées (voir notamment Homère, *Odyssée*, chant IV ; Virgile, *énéide*, chant VI).

34 *Fabuleux* : « Qui est faux, inventé à plaisir. L'antiquité fabuleuse a bien abusé de la crédulité des peuples Les mystères des dieux fabuleux des païens ne laissaient pas de contenir quelques vérités morales. » (Furetière).

35 Le pronom « en » reprend « ils », qui reprend « les grands ». En langue classique, « en » renvoie couramment à un référent humain.

36 Après le verbe « périr », dont la construction est intransitive, on attend plutôt un un complément du type « dans la mémoire des hommes ».

dans les annales de l'univers. Les victoires et les conquêtes sont de tous les siècles et de tous les règnes, et elles s'effacent, pour ainsi dire, les unes les autres dans nos histoires ; mais les grandes actions de piété, plus rares, y conservent toujours tout leur éclat. Un prince pieux se démêle[37] toujours de la foule des autres princes dans la postérité ; sa tête et son nom s'élèvent au-dessus de toute cette multitude, comme celle de Saül s'élevait au-dessus de toute la multitude des tribus[38] ; sa gloire va même croissant en s'éloignant ; et plus les siècles se corrompent, plus il devient un grand spectacle par sa vertu.

Oui, Sire, on a presque oublié les noms de ces premiers conquérants qui jetèrent dans les Gaule les premiers fondements de votre monarchie. Ils sont plus connus par les fables et par les romans que par les histoires[39] et l'on dispute même s'il faut les mettre au nombre de vos augustes prédécesseurs ; ils sont demeurés comme ensevelis dans les fondements de l'empire qu'ils ont élevé ; et leur valeur, qui a perpétué la conquête du royaume à leurs descendants, n'a pu y perpétuer leur mémoire.

Mais le premier prince qui a fait asseoir avec lui la religion sur le trône des Français a immortalisé tous ses titres par celui de chrétien. La France a conservé chèrement[40] la mémoire du grand Clovis ; la foi est devenue, pour ainsi dire, la première et la plus sûre époque de l'histoire de la monarchie ; et nous ne commençons à connaître vos ancêtres que depuis qu'ils ont commencé eux-mêmes à connaître Jésus-Christ.

Les saints rois dont les noms sont écrits dans nos annales seront toujours les titres les plus précieux de la monarchie[41] et les modèles illustres que chaque siècle proposera à leurs successeurs.

C'est sur la vie, Sire, de ces pieux princes vos ancêtres qu'on a déjà fixé vos premiers regards ; on vous anime tous les jours à la vertu par

---

37 *Se démêler* : se distinguer.

38 1 S 9, 2 : « De tous les enfants d'Israël il n'y en avait point de mieux fait que lui. Il était plus grand qu'aucun peuple de toute la tête. »

39 Allusion aux romans et épopées du XVIIe siècle qui mettent en scène une histoire de France rêvée, tels que *Clovis ou la France chrétienne* (1657), de Jean Desmarets de Saint-Sorlin, ou *Faramond ou l'Histoire de France* (1661-1670), de La Calprenède.

40 *Chèrement* : précieusement.

41 Louis IX étant le seul roi de France canonisé, l'expression « saints roi » renvoie de manière plus large au titre de « fils aîné de l'Église » porté par les rois de France en référence au baptême de Clovis et mis en valeur à partir du XVIe siècle.

ces grands exemples[42]. Souvenez-vous des Charlemagne et des saint Louis, qui ajoutèrent à l'éclat de la couronne que vous portez l'éclat immortel de la justice et de la piété ; c'est ce que répètent tous les jours à Votre Majesté de sages instructions. Ne remontez pas même si haut : vous touchez à des exemples d'autant plus intéressants, qu'ils doivent vous être plus chers, et la piété coule de plus près dans vos veines avec le sang d'un père pieux et d'un auguste bisaïeul[43].

Vous êtes, Sire, le seul héritier de leur trône ; puissiez-vous l'être de leurs vertus ! Puissent ces grands modèles revivre en vous par l'imitation encore plus que par le nom ! Puissiez-vous devenir vous-même le modèle des rois vos successeurs !

Déjà, si notre tendresse nous ne nous séduit pas, si une enfance cultivée par tant de soins et par des mains si habiles, et où l'excellence de la nature semble prévenir tous les jours celle de l'éducation, ne nous fait pas de nos désirs de vaines prédictions, déjà s'ouvrent à nous de si douces espérances ; déjà nous voyons briller de loin les premières lueurs de notre prospérité future ; déjà la majesté de vos ancêtres, peinte sur votre front, nous annonce vos grandes destinées. Puissiez-vous donc, Sire – et ce souhait les renferme tous, puissiez-vous être un jour aussi grand que vous nous êtes cher !

Grand Dieu, si ce n'étaient là que mes vœux et mes prières, les dernières sans doute que mon ministère attaché désormais par les jugements secrets de votre providence aux soins d'une de vos églises[44], me permettra de vous offrir dans ce lieu auguste ; si ce n'étaient là que mes vœux et mes prières, et qui suis-je pour espérer qu'elles pussent monter jusqu'à votre trône ? Mais ce sont les vœux de tant de saints rois qui ont gouverné la monarchie et qui, mettant leurs couronnes devant l'autel éternel aux pieds de l'agneau, vous demandent pour cet enfant auguste la couronne de justice qu'ils ont eux-mêmes méritée.

Ce sont les vœux du prince pieux surtout qui lui donna la naissance et qui, prosterné dans le ciel, comme nous l'espérons, devant la face de votre gloire, ne cesse de vous demander que cet unique héritier de

42 *Animer à la vertu* : inciter à la vertu. Allusion à l'éducation de Louis XV, assurée par plusieurs précepteurs, dont le duc du Maine, le maréchal de Villeroy et l'abbé Fleury.

43 Le duc de Bourgogne et Louis XIV.

44 Prédicateur parisien depuis vingt ans, Massillon est nommé évêque de Clermont en novembre 1717 mais ne s'installe dans son diocèse qu'en 1721.

sa couronne le devienne aussi des grâces et des miséricordes dont vous l'aviez prévenu lui-même.

Ce sont les vœux de tous ceux qui m'écoutent et qui, ou chargés du soin de son enfance, ou attachés de plus près à sa personne sacrée, répandent ici leur cœur en votre présence, afin que cet enfant précieux, qui est comme l'enfant de nos soupirs et de nos larmes, non seulement ne périsse pas, mais devienne lui-même le salut de son peuple.

Que dirais-je encore ? Ce sont, ô mon Dieu, les vœux que toute la nation vous offre aujourd'hui par ma bouche ; cette nation que vous avez protégée dès le commencement et qui, malgré ses crimes[45], est encore la portion la plus florissante de votre Église.

Pourrez-vous, grand Dieu, fermer à tant de vœux les entrailles de votre miséricorde ? Dieu des vertus, tournez-vous donc vers nous : *Deus virtutum convertere*[46] ! Regardez du haut du ciel et voyez, non les dissolutions publiques et secrètes, mais les malheurs de ce premier royaume chrétien, de cette vigne si chérie que votre main elle-même a plantée, et qui a été arrosé du sens de tant de martyrs ! *Respice de cælo, et vide, et visita vineam istam quam plantavit dextera tua*[47] ! Jetez sur elle vos anciens regards de miséricorde, et si nos crimes vous forcent encore de détourner de nous votre face, que l'innocence du moins de cet auguste enfant que vous avez établi sur nous vous rappelle et vous rende à votre peuple : *et super filium hominis, quem confirmasti tibi*[48] !

Vous nous avez assez affligés grand Dieu[49] ! Essuyez enfin les larmes que tant de fléaux que vous avez versés sur nous dans votre colère nous font répandre ; faites succéder des jours de joie et de miséricorde à ces jours de deuil, de courroux et de vengeance ! Que vos faveurs abondent où vos châtiments avaient abondé et que cet enfant si cher soit pour nous un don qui répare toutes nos pertes !

Faites-en, grand Dieu, un roi selon votre cœur, c'est-à-dire le père de son peuple, le protecteur de votre Église, le modèle des mœurs publiques, le pacificateur plutôt que le vainqueur des nations, l'arbitre plus que la

45 Comprendre : ses fautes morales.

46 Ps 80 (79), 15 : « Dieu des armées ! Tournez-vous vers nous ».

47 Ps 80 (79), 15-16 : « Regardez du haut du ciel, et voyez, et visitez à nouveau votre vigne. Donnez la perfection à celle que votre droite a plantée ».

48 Ps 79, 16 : « Et jetez les yeux sur le fils de l'homme que vous vous êtes attaché ».

49 Allusion à la fin du règne de Louis XIV, marqué par les décès successifs dans la famille royale et par les défaites militaires.

terreur de ses voisins ; et que l'Europe entière envie plus notre bonheur et soit plus touchée de ses vertus, qu'elle ne soit jalouse de ses victoires et de ses conquêtes !

Exaucez des vœux si tendres et si justes, ô mon Dieu, et que ces faveurs temporelles soient pour nous un gage de celles que vous nous préparez dans l'éternité. Ainsi soit-il.

VARIANTES

SERMON POUR LA FÊTE DE LA PURIFICATION DE LA SAINTE VIERGE

a. Variante : « ou plus pleine et plus frivole ».
b. Variante : « de ne se point livrer ».

SERMON POUR LE PREMIER DIMANCHE DE CARÊME

a. Variante : dans le manuscrit, l'exorde s'arrête à ces mots, « vérités importantes ».
b. Variante : « donc » ne figure pas dans le manuscrit.

SERMON POUR LE SECOND DIMANCHE DE CARÊME

a. Variante : « dans ».
b. Variante : « ils n'osaient ».

SERMON POUR LE TROISIÈME DIMANCHE DE CARÊME

a. Variante : « était ».
b. Variante : « ils se sont à charge ».
c. Variante : « reconnaît ».

SERMON POUR LE QUATRIÈME DIMANCHE DE CARÊME

a. Variante : « Et l'humeur ».

SERMON POUR LE JOUR DE L'INCARNATION

a. Variante : « il régnera sur tous les élus et toute l'Église réunie dans le ciel ne sera pas moins son royaume et son héritage que sur la terre ».
b. Variante : « de leurs peuples ».

SERMON POUR LE DIMANCHE DE LA PASSION

a. Variante : « paru depuis ».
b. Variante : « souvent » ne figure pas au manuscrit.
c. Variante : « plein ».
d. Variante : « le plus souvent » ne figure pas au manuscrit.
e. Variante : « mais vous n'en faites ».
f. Variante : et de la prospérité.

SERMON POUR LE DIMANCHE DES RAMEAUX

a. Variante : et laisser.
b. Variante : « que » ne figure pas dans le manuscrit.
c. Variante : « et la dignité » ne figure pas dans le manuscrit.

SERMON POUR LE VENDREDI SAINT

a. Variante : devrait.
b. Variante : pourrait.

SERMON POUR LE JOUR DE PÂQUES

a. Variante : « sur la terre » ne figure pas au manuscrit.

GLOSSAIRE

Aimable : digne d'être aimé.

César : tout empereur romain ou, de manière très générale, un roi. Il est employé au singulier comme au pluriel.

Confusion : grand désordre.

Corruption : dérèglement, vice.

Inquiet : qui ne trouve pas de repos. L'agitation de l'homme est considérée, notamment dans le sermon « Sur le malheur des grands qui abandonnent Dieu », comme une passion mauvaise.

Inquiétude : incapacité à rester en repos, agitation

Partager : 1) Diviser ; 2) Donner en partage, en particulier « en parlant des dons de la nature ou de la fortune. *La nature ne l'a pas mal partagé. La fortune l'a bien partagé.* » (*Dic. Académie*).

Partage : 1) Division, résultat du partage ; 2) La part qui revient à quelqu'un, notamment avec le même sens moral que le verbe « partager », en référence aux dons de la nature ou de la fortune.

Prévenir : précéder.

Publier : rendre public, proclamer.

Scrupuleux : qui est embarrassé par son exigence morale.

Siècle : 1) la vie dans le monde, par opposition à la vie spirituelle (« les puissants selon le siècle ») ; 2) une très longue période de temps, en particulier au pluriel (« dès le commencement des siècles ») ; 3) période de cent ans. Cette acception courante du français moderne se confond dans le texte avec celle de « très longue période de temps ».

Soin : 1) souci (« les soins de l'autorité ») ; 2) obligation, charge (« des soins et des devoirs publics ») ; 3) comme en français moderne, désigne l'action de veiller sur quelqu'un (« ceux qui m'écoutent et qui, ou chargés du soin de son enfance, ou attachés de plus près à sa personne sacrée »).

Timide : craintif.

Trait : 1) flèche, au sens premier comme au sens moral, notamment lorsque Massillon évoque les traits empoisonnés de la tentation (sermon « Sur les tentations des grands ») ; 2) caractéristique du visage, ou dans un sens très général caractéristique apparente, en particulier dans l'expression « traits publics » (troisième partie du sermon « Sur les tentations des grands »).

Vulgaire : 1) ordinaire (« le langage vulgaire de l'incrédulité ») ; 2) qui est propre au peuple, par opposition aux grands (« d'une naissance obscure et vulgaire ») ; 3) qui est grossier (« des inclinations basses et vulgaires »).

BIBLIOGRAPHIE

ÉDITIONS DU *PETIT CARÊME* DE JEAN-BAPTISTE MASSILLON[1]

MASSILLON, Jean-Baptiste, *Sermons pour les dimanches de Carême, prèchez devant Louis XV, avant sa majorité, dans la chapelle du château des Tuilleries, par Messire Jean-Baptiste Massillon*, manuscrit, non daté, conservé à la Bibliothèque nationale de France.

MASSILLON, Jean-Baptiste, *Sermons de M. Massillon, évêque de Clermont, ci-devant prêtre de l'Oratoire*, éd. Joseph Massillon, Paris, v^ve^ Estienne et fils et Jean Hérissant, 1745, t. I.

MASSILLON, Jean-Baptiste, *Petit carême de M. Massillon, évêque de Clermont. Imprimé par ordre du Roi pour l'éducation de monseigneur le Dauphin*, Paris, Didot l'aîné, 1789.

MASSILLON, Jean-Baptiste, *Œuvres complètes de Massillon, évêque de Clermont*, Paris, Raymond et Dalibon, 1821, t. I.

MASSILLON, Jean-Baptiste, *Petit carême, suivi des Sermons sur les vices et les vertus des grands*, éd. É. Deschanel, Paris, Dezobry et Magdeleine, 1845.

MASSILLON, Jean-Baptiste, *Petit carême de Massillon*, éd. F. Colincamp, Paris, Hachette, 1851.

MASSILLON, Jean-Baptiste, *Petit carême de Massillon*, éd. F. Lagrange, Paris, Eugène Belin, 1855.

MASSILLON, Jean-Baptiste, *Œuvres complètes de Massillon, évêque de Clermont*, éd. É.-A. Blampignon, Bar-le-Duc, L. Guérin, 1865-1867, vol. 3, t. I. *Petit carême*, éd. M. Ducros, Paris, la Cité des livres, 1931.

---

1 En publication séparée ou inséré dans les œuvres complètes de Massillon, le *Petit carême* a connu plusieurs dizaines d'éditions. Nous indiquons ici les éditions qui renouvellent le travail des précédentes, essentiellement dans le paratexte, jusqu'à la dernière à ce jour, en 1931.

ÉTUDES CRITIQUES

ANDURAND, Olivier, « De la chaire à la mitre, Jean-Baptiste Massillon », *Revue Bossuet. Littérature, culture, religion*, n° 10, 2019, p. 69-89.

BAYLE, Marc-Antoine, *Massillon, étude historique et littéraire*, Paris, Bray, 1867.

BLAMPIGNON, Émile-Antoine, *Massillon : d'après des documents inédits* [reprod. en fac-sim. de l'éd. 1879], Genève, Slatkine, 1970.

BOUGEREL, Joseph, *Mémoires pour servir à l'histoire de plusieurs hommes illustres de la Provence*, Paris, Claude Hérissant, 1752, chap. « Jean-Baptiste Massillon, évesque de Clermont », p. 377-398.

BRIAN, Isabelle, *Prêcher à Paris sous l'Ancien Régime*, Paris, Classiques Garnier, 2014.

BRIAN, Isabelle, « Les évêques contemporains de Massillon et la prédication », dans S. Gomis (dir.), *Les Évêques des Lumières. Administrateurs, pasteurs, prédicateurs*, Clermont Ferrand, Presses Universitaires Blaise-Pascal, 2015, p. 15-22.

BRUNETIÈRE, Ferdinand, « Études sur le XVIIIe siècle : I. De l'éloquence de Massillon », *Revue des Deux Mondes*, vol. 43, n° 1, 1er janvier 1881, p. 154-187 ; repris dans *études critiques sur l'histoire de la littérature française*, Paris, Hachette, 1910-1916, t. II, p. 63-120.

CHÉREL, Albert, « En relisant Massillon », *Revue des Deux Mondes*, vol. 71, n° 4, 15 octobre 1942, p. 438-442.

EHRARD, Jean et POITRINEAU, Abel (dir.), *Études sur Massillon. Actes de la Journée Massillon, 25 mai 1974*, Clermont-Ferrand, Institut d'études du Massif central, 1975.

GAUTHIER, Marion, *Scandale et indignation dans les sermons de Bossuet, Bourdaloue et Massillon*, thèse soutenue le 15 septembre 2017, université Sorbonne Paris Cité, université Paris Diderot.

GOMIS, Stéphane, « Construire la biographie de Jean-Baptiste Massillon. Un bilan historiographique », dans *id.* (dir.), *Les Évêques des Lumières. Administrateurs, pasteurs, prédicateurs*, Presses Universitaires Blaise Pascal, coll. « Histoires croisées », 2016, p. 113-121.

GOMIS, Stéphane, « Jean-Baptiste Massillon : une figure épiscopale de la modération », dans O. Andurand et A. Pialoux (dir.), *Les forces de la modération. Ligne politique ou accommodements raisonnés dans les crises politico-religieuses européennes (XVIe-XIXe siècles)*, Bruxelles, Peter Lang, 2020, p. 237-249.

LAURENT, Marcel, « Jean Soanen et Jean-Baptiste Massillon », *Chroniques de Port-Royal*, 1975, p. 41-100.

MAINGUENEAU, Dominique, « Commentaire et prédication. Le cas d'un sermon de Massillon », dans D. Denis *et allii* (dir.), *Au corps du texte. Hommage à Georges Molinié*, Paris, Champion, 2010, p. 151-161.

RICHARDT, Aimé, *Massillon, 1663-1742*, Paris, In fine, 2001.

Société hyéroise d'histoire et d'archéologie et Académie du Var (dir.), *Massillon : [Actes du] colloque organisé à l'occasion du 350e anniversaire de sa naissance, Hyères, 14 novembre 2013*, Hyères, SHHA, 2014.

TABET, Emmanuelle, « La représentation des passions dans les *Sermons* de Massillon », dans S. Gomis (dir.), *Les Évêques des Lumières. Administrateurs, pasteurs, prédicateurs*, Presses Universitaires Blaise Pascal, coll. « Histoires croisées », 2016, p. 123-130.

TAMIZEY DE LARROQUE, Philippe, « Des récents travaux sur Massillon », *Revue des questions historiques*, 1872, t. XI, p. 161-180.

INDEX DES RÉFÉRENCES BIBLIQUES

N. B. : Les occurrences du nom « Dieu » sont trop nombreuses pour être relevées.

INDEX HISTORIQUE

TABLE DES MATIÈRES

IMPRIM'VERT®

Achevé d'imprimer par Corlet,
Condé-en-Normandie (Calvados),
en Juillet 2022
N° d'impression : 176973 - dépôt légal : Juillet 2022
Imprimé en France